山田方谷
熊沢蕃山
村田清風

歴史に学ぶ地域再生

中国地域の経世家たち

社団法人中国地方総合研究センター・編

吉備人出版

はじめに

二十一世紀を迎えて七年を経たわが国は、社会・経済の成熟化とグローバル化の進展、少子高齢化の進行と人口減少社会の到来など、予測を越えた社会・経済情勢の変化にさらされています。そうしたなか、将来の持続的な発展に向けて、社会・経済構造のさらなる変革が求められています。とりわけ東京一極集中が進むなかで地方の疲弊が鮮明となり、大都市圏と地方圏の間にみられるような地域格差がクローズアップされる今日、地域における経済・産業の自立的発展及び地方自治と行財政基盤の強化は、地域再生ひいてはわが国の持続的発展に向けて極めて重要な課題となっています。

時代を江戸期にさかのぼると、当時の社会・経済システムは今日と異なるとはいえ、社会・経済情勢の変化に果敢に立ち向かい、藩政改革や殖産興業等に取り組んだ先達の事跡を知ることができます。江戸時代の中期以降、貨幣経済の進展に伴い商人の経済力が高まるなか、年貢収入に基盤をおく封建的な社会・経済システムの行き詰まりに対応して、幕府だけでなく諸藩においても経済・財政改革が断行されました。この重責を担ったのは、藩主のブレーンとして深い洞察力と高い志で難局に果敢に挑んだ経世家たちです。彼らの理念と行動は、今日の行財政改革・イノベーションによる地域再生に多大な示唆を与え、現代においても参考とすべきものと考えられます。

本書は、このような視点に立ち、江戸時代の中国地域諸藩において経済・財政改革を成し遂げた経世家たちに学ぶことが、地方分権と地域自立が求められる今日の地域再生に役立つことを願い、中国電力株式会社エネルギア総合研究所からの委託調査として二〇〇七年度に実施した「中国地域の経世家に関する調査」の成果をもとに刊行したものです。

最後になりましたが、本書の刊行をご快諾いただきました中国電力株式会社エネルギア総合研究所に深く感謝の意を表しますとともに、童門冬二先生をはじめとする執筆者の皆様、編集・出版をお引き受けいただきました有限会社城市創事務所ならびに株式会社吉備人に厚くお礼を申しあげます。

二〇〇八年八月

社団法人 中国地方総合研究センター

会長 高東 進

歴史に学ぶ地域再生

目次

装丁・デザイン　山本　亮

江戸時代の経世家に学ぶ

江戸時代の経世家に学ぶ

童門　冬二

第一節　「経世済民」の理念

経済という言葉は「経世済民」の略だ。経世というのは、乱れた世をととのえるとか、あるいは世の中を治めるとかの意味がある。済民というのは「苦しんでいる民を救う」ということだ。したがって、経済というのは単なるソロバン勘定ではない。政治的な理念があり、また戦略がある。そういう広がりと深みを持った言葉である。

これが現在、経済といえば、ソロバン勘定やバランスシートのことに意味が限られてしまった。

江戸時代の経世家は、したがって単にソロバン勘定に狂奔したわけではなく、むしろ、「自分の持っている政治理念をいかに実現するか」と考えていた。いま、この経世理念や思想が消えてしまった理由のひとつの例に、国といわず地方自治体といわず、

「予算主導の政治や行政」

があげられる。予算編成のときには必ず「査定」がおこなわれる。もともとこの査定というのは、トップが自分の政治理念を実現するために次年度予算をどのように編成するか

ということに主眼がおかれるはずだ。ところが現在は、まず各セクションが提出する予算要求書も、ほとんどが財務当局の指示によって、

「財政フレーム（来年度の収入予定枠）に合わせて歳出を考える」

という手法がとられる。だから、

「次年度予算請求は、今年度の一割減にして欲しい」

と頭から収入に応じた歳出計画を求められる。本来は間違いだ。本来は各セクションが、

「来年度にぜひともやりたい仕事の計画」

を思い切って出す。いくら金がかかろうと、それはまず考えない。したがって、当初の予算要求はすべて、

「やりたい仕事の総和」

だ。これに必要経費を算出する。したがって、当初の算出額は膨大な額に上るだろう。しかし本来は、トップがある政治理念を持っているのなら、その理念をモノサシにして、提出されたおびただしい計画を睨み、

「これはぜひおこないたい・これはなるべくおこないたい・これはできればおこないたい・これはやらないほうがいい・これはやるべきではない」

という裁断を下して選択をおこなう。そして、選択された計画について必要経費を算出し、予算化していく。しかし財政フレームに照らし合わせたときに、ぜひやりたい仕事・

できればやりたい仕事の中でも、あるいはバッサリ切らなければならないような事情が生じてくる。この、

「政策選択」

が本来の査定のはずだ。しかし、いまは頭から財政フレームに合わせた歳出計画が立てられるから、本来の査定の意味がうすれてきている。つまりトップの持つ政治理念をモノサシにしての査定というのはあまりおこなわれない。

これは、いつのころからか理念に基づく計画の主導性が失われ、財政フレームを重視する予算主導型に変わったからだ。そのいい例が、たとえば政府には地方自治体にある「計画担当セクション」がない。つまり計画省とか企画省がない。地方自治体はどんな小さな規模でも必ず「企画」と名づけられたセクションがある。この点は、わたし個人は政府よりも地方自治体の組織のほうがすぐれていると思っている。そして、わたし自身が東京都庁に身をおいたとき、最後は計画立案担当局長だった。従来から考えてきた、

「トップの政策理念を主導させる」

ということを財政当局とかなり激論を闘わせたのち実現したことがある。つまり、それまでの予算主導を計画主導に変えたことだ。具体的にいえば、今年の暮れに来年の計画案を発表し、一カ月遅れて翌年の一月に予算案を発表したことである。相当論議を呼んだが、わたしはいまでもこのやり方が正しいと思っている。つまり、

「来年は、トップの理念に基づいてこういう仕事（行政サービス）をおこないます」

を、新年のお年玉にしたうえで、

「その仕事をおこなうためにはこれだけのお金がかかります」

と予算案を発表するという方式である。

第二節　江戸時代の藩は十割自治

今回、この本でご紹介する江戸時代の中国地域の経世家たちは、すべて政治理念を持っていた。つまり、

「自分の行政地域に住む人びとには、こういう理念を基礎にこういう行政サービスを提供したい」

という、いわば〝行政理念先行〟の人びとである。だからあえて「経世家」と名づけたゆえんなのだ。ソロバン勘定家ではない。なぜこういういい方をするかといえば、現在の地方自治体とはちがって、江戸時代の藩（大名家）はすべて、

「十割自治」

だったからである。江戸時代の政治制度は「幕藩体制」といわれた。幕府と藩によって

成立していたからだ。幕府はいまの中央政府であり、藩は地方自治体だ。藩は全国に約二百七十あった。そして、その藩が十割自治だというのは、

・自前で政策を立案する
・その政策を実行する費用はすべて自己調達する
・したがって、いかに藩（地方自治体）が赤字に苦しんでも、中央政府である徳川幕府は一文の国庫補助金も地方交付税も出さない

という状況であった。そうなると藩のほうは行政費その他を生み出すために、

「自藩（自己の行政区域）内における産業振興」

以外、収入を増す手立てはない。儒教の影響によって江戸時代は「士農工商」の身分制が確立され、商人は社会的に一番劣位におかれた。

ところが、開幕当初からすでに貨幣経済が進行しており、金がなくては夜も日も明けないのが実態だった。だから武士がいくら、

「武士は食わねど高楊枝」

などとうそぶいても、そんなものは、結局は武士の見栄であり、あるいは虚勢にしかすぎなかった。社会の実情は、〝万事金の世の中〟だったのである。したがって各藩の自己努力である産業振興も、

「藩内の産品に付加価値を加えて市場価値を高める。そしてこれを売り出す」

ということ以外ない。いわば藩は現在の商事会社のような性格も負っていたのである。だから、藩の武士が早くから頭を切り換え（意識改革）、商事会社の社員のような感覚と才覚を発揮するところが藩をゆたかにした。幕末に長州藩が倒幕資金を潤沢に得ることができたのも、藩の武士たち（それも下級武士が主）が、完全にこの産業振興と市場への進出という商才を発揮したからにほかならない。こんな論断をするのは危険かもしれないが、わたし個人は、

「明治維新を実現した西南諸藩は、必ず藩の経済改革を成功させていた」

といい切れるような気がする。だから、これも異論のある見方かもしれないが、現在日本の各地を歩いてみてわたし個人は、

「地域の名産品といわれるもののほとんどは、江戸時代の藩の企業努力によってつくられたものだ」

と思っている。つまり、十割自治だった江戸時代の地方自治体のアセとアブラの結晶なのだ。それをおこなった武士たちは反面において〝武士は食わねど高楊枝〟という気風にさらされながらも、しかし勇気を奮ってその〝商〟の世界に身をおいていた人たちだ。その心身両面における努力には頭が下がる。

現在、〝三位一体〟の改革によって、地方財政はかなり疲れ果てた。これは、国（政府）の地方政策にかなり問題があることもたしかだが、また長年の補助金や交付金政策によっ

て、地方自治体の中にも、言葉は悪いが、

「ぶら下がりの安易な精神」

がわいていないとはいえない。なにも自己努力をしてむかしの藩のように産業振興だの商事会社の社員のような感覚を持って仕事をするよりも、そのほうがはるかに楽だからだ。しかし、これは間違いだ。ということは極端にいえば、

「地方自治精神の放棄」

ということにつながるからである。

そしてもうひとつは、江戸時代の徳川幕府はいまのような中央政府とまったくおなじではないことだ。つまり徳川家も収入の多い大名のひとりであって、徳川幕府はその徳川家のための政府だということだ。幕府というのは、もともとは、

「戦陣に幕を張って、今後の戦略をどう展開するか、同時に占領地域の行政をどうおこなうか」

などを論議する臨時軍事政府のことである。藩というのは、その幕府のまわりを囲んで（藩というのはもともとは垣根とか塀の意味）、一朝ことあるときには武器を取って幕府を守り抜く役割を負っていた。そのために、本来なら文官が政治や行政をおこなえばいいところを、軍人である武士が政治・行政をおこなうという結果を生んだ。したがって徳川家という一大名家の政府である徳川幕府は、もちろんその幕府に害をおよぼす（はっきりい

えば徳川家に害をおよぼす）ようなことは防がなければならないが、ほかのことはどうでもよかった。

つまり、

「各藩の思い思いで地方行政をおこなえばよい」

ということである。この限りにおいては、徳川幕府と各藩とには太い絆《きずな》はない。幕府のほうもかなり藩を突き放してみていた。だからといって徳川幕府と各藩とにまったく関係がなかったわけではない。タテ割りといいながらヨコ割りもあった。それは徳川幕府の要職のほとんどを、

「現任の藩主（大名）」

がつとめていたことである。たとえば老中とか若年寄とか大目付などの幕府のトップ層は、すべて大名がこれをつとめている。しかし幕府の要職をつとめたからといって、大名はそのポストから去るわけではない。現藩主のまま老中などを兼任する。ということとなると、どういうことが起こるだろうか。それは、各大名が自分の藩で展開した善政で評判がよいものがあれば、これを江戸城に持ちこむ。そしてほかの老中と論議し、

「それは大変よいことだ。国政の中に加えよう」

ということになれば、徳川幕府の政治として大名が持ちこんだ善政が活用される。いまの言葉を使えば、

「地方行政でよい施策は、そのまま国の施策として発展させられる」

ということだ。いま地方分権といえば、国の権限の一部を地方に委ねるという意味だ。ところが江戸時代は反対だ。地方行政でよい施策があれば、それが中央政治に採用されるということだ。川の流れにたとえれば、分権というのは上流から下流に水が流れることだが、江戸時代は逆に下流から水が逆流して水源にさかのぼるということである。したがってこの現象は、地方大名のおこなう政治はそのまま「地方主権」だったといっていい。

第三節　平和国家の武士のあり方

日本が長い戦国時代を経て平和国家になったのは、なんといっても徳川家康が大坂城で豊臣氏をほろぼしたときがきっかけになる。大坂城を炎上させて豊臣秀頼とその母淀殿を自決させた家康は、直後（慶長二十年七月）に、それまでの年号を「元和《げんな》」と変えた。これはそのまま、

「平和のはじめ」

と呼んでいいだろう。同時に家康は多くの法度（法律）を発布した。天皇・公家・大名・神官・寺僧および各層に対し、

に対し、

「それぞれの分限」

を定めた。たとえば皇室に対しては、

「伊勢神宮などにおける神事ならびに日本の古文化の保持」

に専念することによって、政治とはいっさい遠ざかるという規定をした。日本人の各層に対し、

「それぞれのやるべきこと・やってはならないこと」

を定めたのである。元和元年の大坂夏の陣を最後に、戦乱がやんで太平になったことを
「元和偃武《えんぶ》」というが、偃武というのは、

「武器を倉庫にしまって鍵をかけ二度と出さない」

という意味だ。元和という年号とともに徳川家康の、

「今後は日本国内においていっさい戦争はおこなわない」

という平和宣言である。しかし前にも書いたように、徳川幕府や各藩は軍事政府だ。本来なら、平和な日本における政治・行政は文官がお

徳川家康の肖像
写真提供：奈良・長谷寺

こなえばいい。しかし、軍事政府がおこなう以上は、やはり軍人がその掌握にあたる必要がある。そこで従来どおり武士が幕府や藩を形成した。しかし武士もいままでのように刀や槍を振りまわして、

「やあやあ遠からんものは音にもきけ」

とわめき散らすような生き方はゆるされない。抜本的な意識改革が必要になる。

つまり、

「武から文へ」

という移行が必要になる。まず制度的にそういうシステムが組み込まれる。そうなると、〝水は方円の器に従う〟という言葉があるが、方円の器すなわち容器が変えられれば、その中に入っている水も自分の姿を変えなければならない。水というのは柔軟な物体で、水自身の形状はない。四角い入れもの（方）に入れられれば四角くなり、円い入れもの（円）に入れられれば円くなる。戦国時代が終わって平和時代に移行したときには、やはり武士も自分の体質を変えて、

「平和国家における役人」

に変質する必要がある。しかし、言葉のうえでは簡単でも、これは容易なことではなかった。だから、少なくとも第三代将軍徳川家光の時代までは混乱がつづいた。武士の中には、まだ戦国時代の生き方が忘れられずに、集まって酒を飲んでは、

「おれはナニナニの合戦で、こういう功績を立てた」

などと誇り合うような風潮がいつまでも去らなかった。しかし徳川幕府はこういう武士をしだいに冷遇した。早くいえばいつまで経っても、

「合戦経験を誇り合う武士」

は、幕府内においてもしだいに窓際に追いやられ、やがては昇降階段に出され、さらに倉庫に入れられ、果ては城の外に出されるという傾向を生んだ。戦国時代を走り抜けた合戦経験者は、こういう状況に憤激した。その代弁者として大久保彦左衛門が『三河物語』を書いた。これは彦左衛門自身が、

「門外不出の書であって、子孫以外に読んではならない。絶対に大久保家の外に出してはならない」

といったが、実際には現在も原本と呼ばれるものが百冊近くあるという。つまり、それだけこの『三河物語』に共感して、コピーをとった武士がたくさんいたということだ。しかし、徳川幕府の運営そのものはすでに、

「合戦なんて知らないよ」

というアプレゲール（戦後派）によっておこなわれていた。いわゆるスーツ組である。しかし、このスーツ組も前に書いたように幕府が軍事政府である以上、やはり武をわきまえなければならない。同時に、この文官たちがひとつの共通基盤とする理念が必要になっ

てきた。徳川家康は先見力にすぐれていたので、

「これから日本の国家を平和的に運営するためには、やはり掲げるべき理念が必要だ」

と考えた。それを家康は儒教に求めた。戦国時代までは日本のインテリはすべて僧だった。僧は単に知識人というだけではなく、戦略書もかなり読んでいた。したがって戦国時代の有力大名のブレーンはほとんど僧である。なかにはみずから武具をまとって戦場に出かけていくような勇ましい僧もいた（たとえば今川義元のブレーン太原雪斎《たいげんせっさい》など）。しかし家康後半の政治において、この僧たちはしだいにブレーンの座から退けられていった。代わって台頭してきたのが学者だ。家康は林羅山を登用した。そして林羅山が登場したことによって、以後徳川幕府のブレーンは幕末まで学者が主導する。これは幕府だけでなく大名家もおなじだ。大名のブレーンのほとんどが学者である。

そして、林羅山が引っさげてきたのが「儒教」であった。それも「朱子学」である。だから主として用いられたのが孔子と孟子の教えであった。孔子のことを聖人といい、孟子のことを賢人という。したがって〝聖賢の道〟といえば即孔子と孟子の教えた道である。

家康は生涯座右の書として『吾妻鏡《あずまかがみ》』や『孟子』を愛読しつづけたという。『吾妻鏡』を愛読したのは、かれが源氏三代の鎌倉幕府政治よりも、むしろ征夷大将軍を名目化しつつ、実際には執権政治をおこないつづけた北条氏の行動に関心を持ったからだろう。とはいえ、家康は源頼朝を尊敬していた。

それは頼朝の、

「政庁の所在地を絶対に京都にはおかない」

という一点に尽きる。家康の考えでは、

「多くの先輩武士が天下人になって失敗したのは、すべて政庁を京都においたからだ。それによって、武士の生活が公家化し堕落腐敗したためだ」

とみていた。家康の学者導入によって、大名たちもこれにならった。以後、約二百七十年間にわたる幕藩体制下の思想や教育は、ほとんど学者が主導する。僧の社会的位置は大きく後退した。ところが、そうはいうものの学者の位置は必ずしも高くはない。学者の多くがよく「斎」という号をつける。これは医者に準じたものだ。江戸時代はかなり末期まで学者の位置は医者に準ずるものとされていた。

人によっては、

「孔子や孟子の書いた本をただ解釈するだけで飯を食っている」

とみられたのだ。つまり、

「苦しい現実生活には何の役にも立たない存在」

と思われた。そのため学者の中には、

「学問は現実生活に役に立たなければ意味がない」

と唱える、いわゆる〝実学者〟が多く出現する。しかし、いずれにしても儒教を信奉す

る武士たちは、聖賢の本によって、

「人の上に立つべき治者のあるべき姿」

を求めて修行した。いまの日本にまったくなくなってしまった『教養』というものに時間と労力を費やした。そして、

「民の範たるべき存在になろう」

と精進した。とくに上に立つ者の心がまえの書として『貞観政要《じょうがんせいよう》』がよく読まれた。

この本は古代中国の唐という国の二代目の皇帝だった太宗《たいそう》が、侍臣とともに、

「理想的な政治はどうあるべきか」

ということをトップリーダーの立場に立って論議した対話集である。この本の中にはふたつの大きなテーマがある。ひとつは、

「民を治める君主はどうあるべきか」

ということと、もうひとつは、

「君主は良臣の諫言《かんげん》をいかにきくべきか」

ということである。この本では君主と民の関係を〝船と水〟にたとえている。すなわち、

「君は船なり、民は水なり」

という一文がそれだ。現在の民主主義に通ずるものがある。唐の太宗は、

「水（民）は、船（君主）がよい政治をおこなっていれば、波も立てずに船を支えてく

れる。しかしいったん悪政をおこなえば、水は怒って波を立て、場合によっては船をひっくり返してしまう」と告げている。治者の認識としてはこれ以上正しい認識はなかろう。現在でいう、「主権在民」の思想をはっきり盛りこんでいる。日本においても、徳川幕府の政治主導者や各大名家（藩）の行政主導者たちは、この『貞観政要』における「船と水の関係」を重視した。とくに日本においては、幕府ならびに藩の主税が年貢といわれる米の現物納入だったから、その米の生産者である農民を意識内に入れなければ運営ができない。つまり農民は重要な財源だったのである。

第四節　君は船、民は水

前に、徳川幕府は徳川家の政府であって、国民の政府ではないと書いた。それはそうなのだが、しかし幕府は大名に対する人事権だけは固く握っていた。大名家に対する改易・取り潰し・減封・左遷などの権限はすべて幕府にある。したがって、大名たちもうかうかしてはいられない。取り潰しの理由は、

「政治（藩政）不行き届きにより」

というのが多い。政治不行き届きというのは、

「悪政が多い」

ということである。これによって主として農民が反乱を起こした。いわゆる一揆と呼ばれるものだ。これが打ちつづくと幕府が乗り出して徹底的な調査をおこない、藩側に落度があれば、ここに書いた「不行き届きにより」ということで家を潰してしまう。そして、ほかの大名にその領地を与える。また、政策をめぐっての論議が発展し、藩内抗争が起こると、これもまた、

「家内不行き届きにより」

ということで処罰の対象になる。しかし、その処罰を決定するのは前に書いたように主として老中だ。老中というのは現任の大名である。

もうひとつ、各大名家には「お手伝い」というのが課された。これは幕府のおこなう公共事業の執行を大名に命ずる制度だ。食事代・交通費はすべて大名持ちである。こういう現状だったから、大名側にすれば、

「なんとかお手伝いをのがれたい」

と考える。そうなるとなによりも、

「幕府は、いつどんな工事をおこない、それをどこに割り当てようとしているか」

ということをすばやく察知する必要がある。その情報が得られるのはやはり江戸だ。したがって、江戸藩邸に勤務する留守居役と称する重役陣は、この情報収集に必死になる。いきおい、いうところの〝官官接待〟が盛んになり、同時に贈賄工作などもおこなわれる。そのため江戸藩邸における経費が膨大な額に上り、国元の武士たちは切歯扼腕《せっしやくわん》した。つまり、

「われわれが苦心して農民から得た年貢を、江戸にいるやつらはまるで湯水のようにザブザブ使ってしまう。そのくせ、その使い道はすべて夜の花街における飲み食い費だ」

と怒るのだ。が、この接待や贈賄をおこなわなければ、やはり正確な情報を早く得られない。そんなジレンマの中で江戸藩邸の武士たちは行動した。このいわば江戸と国元における〝二重生活〟の経費費消も、いってみれば幕府の政策のひとつだ。

「藩財政を常にピンチ状況にしておこう」

ということだ。だから、当時の大名家の家臣たちの勤務対応は次の三つになる。

・国元（藩内）にいて、一歩も外へ出たことのない武士
・藩主が参勤で江戸にいくときに供をし、参勤を終わって交代する（国元へ戻る）ときにまた供をして戻ってくる者。つまり国元と江戸の両方を勤務地とする武士
・江戸で現地採用され、国元には一度もいったことのない武士

元禄時代に起こった有名な〝忠臣蔵〟事件は、この三様の武士たちの対応策が結集した

ものだ。早期仇討ちを叫んだのはすべて江戸で現地採用された武士だというのも面白い。

さて、以上のような状況下におかれた各藩の運営は、それぞれ独自性を持つ。その独自性の核になったのは、

「どういう理念でその藩を運営するか」

ということだ。この理念を樹立するためにはなんといっても学問が必要だ。それも幕府では「朱子学を主とせよ」といっているから、いきおい各藩の学問的主導者たちが学び身につけるのは儒学になる。それも朱子学だ。これに、のちに王陽明の「陽明学」が加わる。しかし陽明学は幕府に集結した学者たちによって〝異学〟とみなされ、主流たりえなかった。しかし陽明学は決して絶えることなく、幕府当初から地下水脈のように脈々と流れつづけた。そして、幕府首脳や藩主として、治者の心がまえを身につけ、言葉を変えれば『貞観政要』でいわれるところの、

「水（民）にひっくり返されない船（君主）」

になり得た人びとを「名君あるいは賢君」と呼ぶようになり、補佐役でトップの思想をよく理解し心から協力する存在を「良臣あるいは名家老」などというようになった。この名君あるいは良臣はすべて、

「すぐれた経世家」

といっていい。それはなによりも、

「民のためにおこなうべき政治の指標」

をみずから設定し、

「公平公正な方法によってそれを実現する」

という技術論も体得していたからである。その凝縮度は後世になるほど濃度を増す。そこに至るまでに二百数十年の時間があり、そして学問的発展や深化も休むことなく進んでいたからである。そこで、徳川二百七十年間における、

「経世に関する学問の推移」

について触れてみたい。

第五節　経営理念は儒教

政治家にとってブレーンが僧から学者に代わってのち、その大宗を成したのが朱子学であることは前に書いた。しかし、同時に日本に入ってきた陽明学も決して絶えることなく地下水脈的に発展をつづけた。武士の思想の深化については、次のようなプロセスをたどった。

平和日本において武士が「経世家」になる前に、武士そのものの変質が求められた。そ

こで武士たちは、

「新しい時代における武士のあり方」

を模索する。これが〝武士道〟になる。古代中国の孔子や孟子の思想を取り入れながらも、日本独特の精神発揚も加味され、武士道がしだいに確立し固定化していく。肥前（佐賀県）鍋島家で生まれた『葉隠《はがくれ》』もそのひとつである。そして葉隠の冒頭に書かれた、

「武士道とは死ぬこととみつけたり」

というショッキングな言葉はそのまま、

「武士が主人に尽くすべき忠誠心」

の方法論と考えられるようになる。戦国時代までは武力を振るって闇雲に「死を恐れない」という考え方で合戦場に突入していた武士たちが、

「平和時代における主人への忠誠心はどうあるべきか」

と考えはじめたのである。つまり刀や槍を振るって闇雲に発揮されていた忠誠心が、今度は精神的な広がりや深みをおびて頭と胸の中にしっかりと据えられはじめたのである。

同時に並行して進んだのが、

「町人（主として商人）における道のあり方」

であった。士農工商の最劣位に位置づけられながらも、〝万事金の世の中〟である経済体制がととのえば、商人の存在は無視しようとしてもできない。いくら武士が、

「武士は食わねど高楊枝」

などとうそぶいていても、そんな虚勢を張りつづけていれば、やがては餓死してしまう。モノやカネの世話にならずに生きることはできない。モノを売っていた商人はそういう武士たちに対し、やがて金融をはじめる。十割自治に苦しむ日本のほとんどの藩がこの商人の金融に頼る。そして機能的には、江戸は政治の都であり、大坂は経済の都であった。そのために大坂商人が主としてこの金融業をおこなった。商人に金を借りた大名たちはその返済に苦しんだ。そのせいか、

「大坂の商人がひとたび怒れば、日本中の大名が震え上がる」

などといわれるようになった。しかし商人の中にも良心的な者がいた。また、僧や思想家の中にも商人を励ます者もいた。つまり、

「士農工商は身分区分ではなく職業区分である」

といって、身分というタテ社会を職業というヨコに並べ替える思想家も出てくる。そして、

「商人の行為はそのままホトケの代行である」

といった。ホトケは高いところから人間の生活をじっとみている。しかし日本列島にも北限がある。東北地方では木綿・みかん・お茶・ロウソクなどができない。が、これらの品はすべて生活必需品だ。そうなるとホトケは、

「自分は身動きできないが、自分の代わりに北限にある地方に必要な品を届けてくれる存在があるといい」

と考える。行商人は、そのホトケの心を自分の心として品物を届けにいく存在だ。したがって、これらの行商人たちはたったひとりで歩いていても〝同行二人《どうぎょうににん》〟と呼ばれる。それはひとりで山道を歩いていても必ずホトケが同行する。そして旅の安全を守り、行った先でほどほどの利益を保証してくれる。

「だから、商人は暴利をむさぼったり、悪い品物を良い品物だとウソをついたりしてはいけない。それはホトケの心に背くからだ」

と自戒した。武士における主従の忠誠心を、

「売り買いできる代物だ」

といい出す思想家もいた。

「だから忠誠心というのは、家臣が主人に対してさし出す労力をいう。それに対し主人が対価を払う。したがってこのことは、商人が売る品物に対し客が金を払うのとなんら変わるところはない」

という論も立てた。

武士の給与には「知行（土地を与えられて、そこにできる農作物を収入とすること）と現金払い」

の二種類があった。この事実をみて、

「武士よ、まるで旅宿のような大都市に集中することなく、知行所に戻って鍬を振るえ」

という学者もいた。さらに、

「働かざる者は食うべからず」

という原理を提唱し、

「武士もすべて土を耕せ」

といい切る思想家も出現した。あるいは日本の藩のおかれた状況を凝視し、

「藩と藩との境をこわして、もっと物流と交通を利便にする必要がある。それには交通網（道路や水運）を活発にすべきだ」

と唱えるマーカンティリスト（重商主義者）も出現する。このころになると完全に、

「経世の必要性」

が叫ばれ、

「正しい経世家とはどういう条件を備えているか」

という点にまで論は発展していた。幕府が開府された当初の学問が、

「新しい武士像とはなにか」

というような精神論が主であったのに対し、中期以降になると、

「経世家はどうあるべきか」

という論に煮詰まってきたのである。これはあきらかに〝経世〟ということが日本全国にいきわたり、地方自治体である各藩や中央政府である徳川幕府が、

「理想的な経世のあり方」

を模索しつづけたからにほかならない。

第六節　改革の見本は「享保の改革」

徳川幕府は、寛永十六（一六三九）年にいわゆる〝鎖国〟をおこなった。これは九州の一角で起こったキリシタン宗徒の一揆を理由にしていた。が、天草・島原で起こったこの乱の性格は、必ずしも宗教闘争とだけはいい切れない。その底にはむしろ、

「酷税に対する異議申立て」

の色彩が濃い。たとえば天草島に対する幕府の査定は四万石である。しかし実地踏査の結果は半分の二万石もやっとのことだ。長年酷税に苦しめられた島民たちは、幕府権力や将軍にすがるよりも天の神にすがった。つまり神を将軍の上位においたのだ。これが幕府政治にとっては非常に困る。

同時にまた、島民の唱える、

「査定に対する異議申立て」

を容認するならば、日本全国でおなじことが起こる。したがって、この一揆は政治事件であるにもかかわらず、

「キリシタン一揆」

という括り方で宗教闘争にしてしまった。問題の矮小化であり、同時に他の国民の意識を逸らす操作であった。が、鎖国後も長崎港は開けておいた。そして、朝鮮・中国・オランダとは依然として交流をつづけた。しっかりした統計はないが、幕府が開かれた当時の日本の総人口は約千三百万人であったという。そして明治維新実現のときの人口が三千三百万人であったそうだ。徳川二百七十年間における人口増は約二千万人である。そして、年貢である米の生産量は、

「日本人ひとりについて米一石」

ということが目標とされた。したがって、幕初における生産目標は約千三百万石であり、幕末維新時にかけての生産目標は約三千三百万石である。しかし、必ずしもこの目標が達成されたわけではなく、また年貢を徴収した幕府・藩も必要最小部分を残して、ただ全部大坂へ廻送し売り払った。そして、大坂・堂島で立てられるその年の米の相場によって他の物価を統制した。これを「米経済」という。人口の増減については各藩とも悩んだ。農村においては赤ん坊が生まれても、

「これは将来労働力にならない」

とみれば、たちまち濡れた鼻紙を生まれたばかりの赤ん坊の鼻に押し当てて圧殺してしまう。これを〝間引き〟といった。間引きのおこなわれなかった農村はほとんどない。少子化問題は江戸時代を通じての悩みだった。

しかし、いたずらな人口増はできない。それは、新しい生命を養うには食糧が必要だからだ。しかし、その食糧を生産する労働力において、役に立たない力が加わることは農民の歓迎するところではない。そこで〝間引き〟がおこなわれる。こういう実情に対し、

「人間の生命をなによりも重んずる必要がある」

という理念に立って勇断を下したのが第八代将軍徳川吉宗である。吉宗はかつて和歌山藩主だったが、そのポストにいたときからかなり諸種の改革を展開していた。そして、将軍になったのちは、和歌山藩政で成功した例を国政としておこなった。

かれの「享保の改革」は、その後の「寛政の改革」や「天保の改革」の模範になった。同時

徳川吉宗の肖像
写真提供：奈良・長谷寺

に、日本全国の各大名家がおこなっている「藩政改革（地方自治体の行財政改革）」の模範にもなった。

それは、少子化対策として吉宗は一挙に人口が倍増するような農業政策を展開したからである。しかも、元禄バブルでただれきった日本国民の精神を叩き直した。このいわば、「財政的赤字と、国民の心の赤字（自分さえよければいいというエゴイズム）」の両者を克服しようと努力した吉宗の改革は、単に幕府だけでなく日本全国の藩にも大きな影響を与えた。吉宗は学問好きではない。しかし、かれは国民の心の赤字を解消するに先立って、

「なによりも教育が先決である」

と宣言した。各地における寺子屋の輩出、あるいは各藩における産業振興、そして日本の鎖国下にある日本の文明を越える外国の科学知識や技術、そしてそれに使われる道具の輸入、日本にない植物や動物、鳥類、魚類などの輸入は、このときに積極的におこなわれた。いってみれば幕末の開国のハシリは将軍吉宗がおこなったといっていい。

したがって学問も、机上の解釈よりも実学が尊ばれた。やがて各藩でもいまでいえば〝藩の特性（CI。コーポレート・アイデンティティというよりも、コミュニティ・アイデンティティといったほうがいいだろう）〟が確立され、それがひとつの核となって藩政改革が展開される。諸藩で、

「名君」

といわれる名藩主が出現する。そして、これを補佐する「良臣・名家老」も出現する。

しかしこれらの名君や良臣たちに共通するのは、
・必ず改革に対する理念や指標があったこと。つまり何のために改革をおこなうのかとい
う目的がはっきり示されたこと
・その目的は共通して「愛民」のためであったこと。ここには『貞観政要』における「船
と水の関係」が生かされている
・したがって、トップに立つ殿様だけでなく、それを補佐する家老たちにもこの理念がし
っかりと据えられていたこと
・そのためには、トップだけでなく実務をおこなう家老も相当な学者であり、しかもその
学んだことを実際に生かす技能を兼ね備えていたこと
・同時に、名君・良臣はすべて「藩民の模範になるような人格」を備えていたこと
である。なぜかといえば、その人格が改革を進めるうえにおいて欠くことのできない藩
民の信用を獲得したからである。

第七節　中国地域の名経世家たち

こういう観点に立って、この本では中国地域の名経世家たちの紹介をおこなう。扱う人物は、山田方谷《やまだほうこく》・熊沢蕃山《くまさわばんざん》・村田清風《むらたせいふう》・頼杏坪《らいきょうへい》・朝日丹波《あさひたんば》の五人だ。各人物の具体的な事績については、執筆者諸先生が遺憾なきその生命の燃焼ぶりをみせてくださるので、ここでは触れない。

ただ、これらの人物を選んだ理由について多少書いておく。

山田方谷（一八〇五〜七七）：備中（岡山県）松山藩士。松山は現在の高梁《たかはし》市だ。方谷の生家は製油業をいとなんでいたので、のちに松山藩主に家老として登用されたとき、〝農民家老〟と呼ばれた。江戸に出て学んだのは佐藤一斎である。しかし、実務的には熊沢蕃山を尊敬していた。方谷自身も大変な学者で〝備中聖人〟といわれた。藩主板倉勝静《かつきよ》が幕府老中として国事多端な折から、留守を引き受けた方谷はなによりも「藩民の信頼獲得」に努力した。藩財政の再建や産業振興に力を尽くし、同時に農兵隊も組織した。有名な岡山の藩校閑谷《しずたに》学校を再興したことでも有名だ。

熊沢蕃山（一六一六〜九一）：備前（岡山県）岡山藩士。本人は京都の生まれだが、日本で最初の陽明学者といわれる中江藤樹に師事した。江戸前期を代表する経世家である。主人は名君といわれた岡山藩主池田光政である。蕃山は単に行政だけではなく治山・飢饉対策・人材育成などに尽力した。武士土着論を展開したため、必ずしも幕府や他藩の受け入れるところとはならなかった。かれの学問を〝心学〟といい、やがて幕府は危険視するようになる。主人の池田光政は最後まで蕃山をかばい抜いたが、力尽きて蕃山は浪人する。その最後は必ずしも幸福ではなかった。

村田清風（一七八三〜一八五五）：長門国（山口県）三隅《みすみ》の出身。幕末の長州藩家老として、財政改革に努力した。専売制・越荷方《こしにがた》などを設け、近代にも通ずるような改革をおこなった。吉田松陰は清風の信奉者であって、その影響が著しい。松下村塾で学んだ門人たちが清風の設置した越荷方などで活躍し、藩経済を盛り立てる。そしてこの改革が極端にいえば、長州藩が倒幕戦争を起こす資金を大いに獲得したといっていいだろう。

頼　杏坪（一七五六〜一八三四）：安芸（広島県）竹原の出身。頼春水《しゅんすい》・頼春風《しゅんぷう》とともに「三頼」と呼ばれる学者だった。広島藩浅野家では御納戸奉行として活躍し、県北の三次《みよし》で郡政を担当した。目標は仁政である。学問も深く仁の精神に満ちていたので、地域住民からは慕われた。名改革奉行である。『芸藩通史』などを編纂した。

朝日丹波（一七〇五～八三）‥出雲（島根県）松江藩の家老。藩主は文化大名として有名な松平不昧《ふまい》である。かれの改革は徹底した勧農抑商政策で、そのため藩内の農業産品に付加価値を加えて市場価値を高めた。主人の不昧はこの改革によって得た益金で、日本中の名器を買い集めた。不昧の治政は「松江藩民のレベルアップ」である。それを文化によっておこなおうとした。文化の中心におかれたのが茶道である。しかしこの兼ね合いは難しい。不昧の理念をよく理解した丹波はいわば「義経の前に立ちはだかる弁慶」の役割を負った。つまり改革に対する批判や悪罵をすべて丹波が引き受けた。松平不昧の文化政策は丹波の身を挺しての改革によって実現したといっていいだろう。

人によっては、

「歴史上の人物が、いくら活躍し実績を挙げたとしても、現在とは条件・状況がちがうのだから参考にならない」

という。一理ある。

しかし、いまのような交通・コミュニケーションの手段がまったくないに等しい状況下で、人間としてのギリギリのチエを生み、アセとアブラの努力をつづけた結果、多くの民

が幸福を得た。その実験例は必ずしもタイムトンネルの彼方に埋もれさせるべきではなかろう。まして、

「真の地方自治確立のための地域振興」

が必要とされる現在、中国地域の五人の経世家たちの実績は、中国地域からの、

「地域活性化の実例」

として、十二分の価値を持っている。松下村塾を経営した吉田松陰は、

「萩の一角にあるこの松下村塾から長州藩を改革しよう。そして長州藩の改革によって日本を変革しよう」

と唱えた。このいい方を借りるならば、

「五人の経世家の事績を例としながら、中国地域から日本を変革しよう。そして、日本各地の自治を確立しよう」

といっていいだろう。

［執筆者プロフィール］

童門　冬二（どうもん・ふゆじ）

一九二七（昭和二）年生まれ。東京都に入庁後、東京都立大学事務長、東京都広報室長、企画調整局長、政策室長などを歴任。美濃部都知事の退任とともに都庁を退職し、作家活動に専念する。都庁在職中の経験をもとに、人間と組織の問題を歴史と重ね合わせた作品で、小説・ノンフィクションの分野に新境地を拓く。『暗い川が手を叩く』が第四三回芥川賞候補となる。九九年に勲三等瑞宝章を受章。日本文芸作家協会会員、日本推理作家協会会員。主な著書に、『小説　上杉鷹山』、『徳川家康の経営学』、『戦国名将一日一言』、『名家老列伝』、『家康と正信』、『渋沢栄一人生意気に感ず』、『異彩の改革者　渡辺崋山』などがある。

［コラム①］朱子学と陽明学

近世初期は宋・明代の文化の受容が進んだ時代であり、特に朱子学と陽明学は江戸時代の思想形成に大きな影響を与えている。

朱子学は、徳川家康が朱子学者・林羅山を招いて幕府支配の教学として広めたため、江戸全期を通じてわが国儒学の主流となった。その理論は南宋の朱子（一一三〇～一二〇〇）によって大成され、宇宙生成論から人性論、実践哲学までを「理」という一貫した原理によって説明するものである。朱子学の理は林羅山によって身分関係を形づくる原理として強調された。広範な知識を習得して（致知）事物の理に格《いた》る（格物）という「格物致知《かくぶつちち》」の実践によって、「修身・斎家・治国・平天下」が実現されるとする儒学の教えは為政者である武士の精神的な拠り所にもなったのである。

一方、陽明学は明の思想家・王陽明（一四七二～一五二八）によって大成された、朱子学とならぶ新儒教の学派である。朱子学との最大の違いは、格物致知の解釈である。陽明学では、「知」を良知、即ち、先天的に誰にでも具わっている判断力とし、それに目覚める（致知）には、道徳の修養や実践によって不正な心を格《ただ》すこと（格物）を求める。陽明学が心学とされるゆえんである。

それは、朱子学が持つ、自らの心と事物の理を分ける客観的な志向と、陽明学が持つ、心と万物は一体であるとする主観的な志向の違いであるともいえる。

山田方谷

財政改革の実践者 山田方谷

野島　透

高梁市歴史美術館所蔵

PROFILE

江戸時代末期、大きな借金に苦しんでいた備中松山藩において新産業政策・藩札刷新政策などの7大政策により財政改革を成功させ、わずか7年で10万両（約600億円）の借金を、逆に10万両の蓄財にした財政改革者である。

第一節　山田方谷の足跡と、その時代

立志・遊芸・励行

山田方谷は文化二（一八〇五）年二月二十一日に備中松山藩領阿賀郡西方村（現在の岡山県高梁市中井町西方）において、父五郎吉重美、母梶の長男として生まれた。ＪＲ伯備線にある方谷駅から北東へ約五キロのところである。方谷駅は、方谷が一時居住して長瀬塾などを開いていたところであり、地元の人々の強い要望により日本で最初の人名駅になった。幼名はありりん、本名は球、通称は安五郎、方谷は号である。

方谷が生まれた時代は、江戸中心の町人文化の爛熟期である文化文政の文化が花開いていた一方で、幕府や各藩は財政難に苦しみ、天明の大飢饉や浅間山の大噴火などの天災が相次いで起きていた。

寛政四（一七九二）年に、ロシア使節ラクスマンが根室に来航したこともあり、翌年時の老中松平定信は海防強化を諸藩に命じた。文化元（一八〇四）年にはロシア使節レザノフが長崎に来航し、文化五（一八〇八）年にはイギリス艦フェートン号が長崎に来航し薪・水・食料を奪取するなど諸外国の艦船が出没し、通商を求めていた。幕府の鎖国政策による長い太平の眠りを覚ます予兆を感じさせるころであった。

方谷の先祖は清和源氏の流れをくむ源重宗である。重宗のひ孫である山田駿河守重英（佐井田城城主）は当初尾張国山田郡（現在の愛知県瀬戸市）に居住していたが、元歴元（一一八四）年源範頼に属して中国地方に転戦し、平家討伐の軍功により備中阿賀郡二十三カ村の領地を与えられ地頭に任命された。なお、源重宗は清和天皇の孫である源経基（「源」姓を初めて賜る）の次男満政のひ孫にあたる。源経基の長男満仲の系統が、鎌倉政府を開いた源頼朝につながる。満政の系統は主に尾張三河地方に勢力を持っていた。

その後、豊臣秀吉、毛利家の下で戦功をあげるが、毛利家が関ヶ原の戦いに敗れ、領土が四分の一に縮小されたとき、山田家は郷士格の待遇を受けて帰農した。以来連綿と続くが、方谷の曽祖父の時代に事件があり方谷が生まれたときは窮乏していた。

方谷の父五郎吉は山田家再興を願いながら、早朝から農業と菜種油の製造販売をして生計を立てていた。仕事が終わった深夜、父五郎吉は親戚である室丈人から学問を習っていた。室丈人は、備中中津井村（現在は高梁市）の室家の長老である。室家からは室鳩巣《きゅうそう》（第八代将軍徳川吉宗の「享保の改革」を企画実行した儒学者）が出ている。

父母は質素倹約をしながら、方谷に対する教育には学費を惜しまなかった。

母梶は幼い方谷の頭をなでながら、「方谷よ、お前はよい子だから必ず立派にお父さんの志を達成しておくれ。しかし、時の勢いに乗って走りすぎると必ずつまずくものですよ。私はお前が生涯を立派に終えてくれればそれで十分だよ」といって微笑んだ。方谷もニコニコしながら母の顔を見ていた。

方谷は五歳で新見藩の儒者丸川松隠《まるかわしょういん》に預けられ、朱子学などを学んだ。九歳の頃、塾を訪ねてきたお客が方谷に「何のために学問をするのか」と尋ねた。方谷は幼い顔に笑みを浮かべ、「治国平天下」と答えた。お客は驚いて二の句が継げなかった。「治国平天下」とは『大学』にある言葉で、国を治めて天下を平和にするという意味である。

高梁市にある山田方谷像

方谷は十四歳の時に最愛の母を亡くし、十五歳の時には父までも亡くした。残された弟たちを養うため農業と菜種油の製造販売という家業に精を出す一方、深夜学業にも励んでいた。その努力のかいがあって篤学の名声が高まり、文政八（一八二五）年、二十一歳のとき藩主板倉勝職《かつつね》に認められ、二人扶持が支給され、藩校有終館に勤務することになった。文政十二年、二十五歳のとき苗字帯刀を許され有終館会頭（教授）になる。

その後、京都、江戸に遊学し、佐藤一斎の門に入って佐久間象山や塩谷宕陰《しおのやとういん》らと交遊した。佐藤一斎の塾では塾頭を務め、その際血気盛んな佐久間象山が方谷に論争を仕掛けるが、必ず論破されるのは象山の方であった。

ある夜のこと、塾頭の方谷（三十一歳）と洋学を好む象山（二十五歳）が論争して互いに譲らなかった。白熱したその討論は一晩中続いていた。実はこうした二人の激論が連日連夜続いたため、ほかの塾生たちが一斎に「先生、うるさくて仕方がないから、なんとかやめさせてください」と頼んだ。ふすまの穴から二人の討論をこっそり聞いていた一斎はにっこり笑った。「象山も若いのになかなか鋭い意見を述べている。方谷もさすが塾頭だけあって、象山の理論をいつの間にか論破している。お前たちも聞いてみろ。面白い」と答えた。

天保七（一八三六）年九月に、方谷は佐藤一斎塾を退き帰藩する。帰藩すると、藩主板倉勝職より武士の子弟を教育する藩校有終館の学頭（校長）を命じられる。方谷は江戸随一の学者といわれた佐藤一斎塾の塾頭にまでなった俊才に加え、その学問と人格の高さは世間でよく知られていたため、方谷を慕って集まってくる者が多数いた。方谷は儒学者のみならず陽明学者としても知られていた。

方谷は将来を展望すると武士の師弟のみならず、農民や女性などの教育の必要性を訴えていた。方谷は言葉だけでなくそれを実践し、天保九年備中松山城御前丁（現在の高梁市御前町）の自分の邸宅において家塾牛麓舎《ぎゅうろくしゃ》（臥牛山の麓にあることによる）を開いた。家塾の三大規則は「立志」「遊芸」「励行」である。「立志」は夢、「遊芸」は知恵、「励行」は元気といえる。今の言葉でいえば、「夢出せ、知恵出せ、元気出せ」ということになる。特に方谷は、「立志」つまり夢を持つことの重要性を一番最初に教えた。

方谷が家塾牛麓舎を開いた同じ年に緒方洪庵が大坂に適塾《てきじゅく》を開き、文化十四（一八一七）年に広瀬淡窓が豊後日田に咸宜園《かんぎえん》を、安政三（一八五六）年に吉田松陰が松下村塾を開いている。

さらに方谷は晩年、岡山県備前市にある閑谷《しずたに》学校を再開している。教育者の方谷は、政界、産業界、司法界、宗教界、教育界をはじめ様々な分野に人材を輩出し、その範囲は天皇家まで及んでいることを考えると、教育者としても江戸時代末期から明治時代にかけて当代随一の一人であったと言える。

方谷を有終館学頭に任命した板倉勝職は跡継ぎがいなかったので、天保三（一八四二）年六月、伊勢桑名藩主松平定永の八男寧八郎を婿養子に迎えた。寧八郎は、その後板倉勝《かつ》静《きよ》と改名した。松平定永は、寛政の改革で名高い松平定信の子供なので板倉勝静は松平定信の孫になる。方谷は有終館学頭ということもあり、藩主としてのあり方など板倉勝静の教育を担当することになり、「資治通鑑綱目《しじつがんこうもく》」等の講義を行ったりした。

財務大臣就任と改革

嘉永二（一八四九）年四月に藩主の板倉勝職が隠退し、勝静が新藩主となり、八月に勝職が亡くなった。方谷は勝職の恩に報いるため喪に服し、隠退届けを出した。同年十二月、方谷は新藩主の勝静に突然、元締役兼吟味役を命ぜられた。元締役は勘定奉行で吟味役はその補佐役であるので、藩の財務大臣を命ぜられたことになる。江戸時代は門閥による身分社会であり、元締役はその中心である。

もし方谷が元締役兼吟味役になれば、武士たちは方谷の部下となり、その反発は火を見るよりも明らかであった。方谷は辞退し続けた。

だが藩主勝静は、藩の巨額な財政赤字を解決できるのは方谷しかいないと確信し、説得を重ねた。ついに方谷は藩主の説得を受け入れ、元締役兼吟味役になった。だが、門閥の武士をはじめとする反発は想像以上であった。反発は怒りと嫉妬に変わった。

方谷は周囲の反発や暗殺計画にもたじろがず、淡々とかつ徹底的に調査を進めた。その結果、藩の財政収支報告が粉飾を重ねている事実を発見し、藩の重役の反対を押し切りそれを情報公開した。

そして新時代の潮流を読んだ産業振興政策、国民を富ませる民政刷新改革、教育改革などの七大政策（具体的に後述する）により、わずか七年（八年という説もあるが、方谷が元締役に就任したのは一八四九年十二月なので、実質七年間である）で十万両の借金をすべて返済したばかりか、十万両（約六百億円）もの余剰金を抱える黒字の藩にしたのである。

方谷はただ単に財政再建を成し遂げただけではなくて、日本初の「農兵隊」を十五年かけて西洋の近代的武器で武装させ、方谷自ら洋式訓練を施し、当時の日本で最強の軍隊に育てあげた。のちに明治維新の原動力となった高杉晋作の「奇兵隊」は、実はこの農兵隊を参考にしたものである。また戊辰北越戦争で薩長軍に敢然と立ち向かった長岡藩の河井継之助の近代的軍隊も、この方谷の「農兵隊」をモデルにしている。

江戸幕府の崩壊を予想

貧乏の代名詞であった松山藩は、方谷の手腕により経済力をつけ、文武両道の強い藩に生まれ変わった。松山藩が文武両道に優れ財力の豊かな藩になったこと及び勝静の毛並みの良さ（松平定信の孫）もあり、勝静は江戸幕府の筆頭老中になった。だが、方谷は薩摩の西郷隆盛や長州の木戸孝允でさえ江戸幕府が崩壊するとは信じていなかった頃に早くも江戸幕府の崩壊を予想していた。

安政二（一八五五）年、津山藩士五名などとの宴席であった。津山藩士が方谷に幕府の将来について聞いた。すると、方谷は次のように答えた。

「幕府を衣にたとえると、家康が材料を調え、秀忠が裁縫し、家光が初服した。以後、代々襲用したので、吉宗が一たび洗濯し、松平定信が再び洗濯した。しかし、以後は汚れと綻びが甚だしく、新調しなければ用にたえない」

方谷の恐れを知らぬ大胆な発言に、一座は水を打ったように静かになった。その後一人が尋ねた。

「三たび洗濯したらいかがなものか」

方谷の解答は明快だった。

「布質はすでに破れ、もはや針線に耐えない」

もはや針でぬうこともできないほど布はずたずたに破れてしまっている。江戸幕府は崩壊をせざるを得ないということだ。

藩主板倉勝静は、方谷の藩政改革の成功もあり、文久元（一八六一）年江戸において奏者番兼寺社奉行に、翌年には老中に就任した。方谷は、江戸に出て老中勝静の政治顧問を務め、第十五代将軍徳川慶喜も助けた。

文久二（一八六二）年六月、薩摩藩主島津忠義の父久光の命を受けた勅使大原重徳が幕政改革の要求を引っさげて江戸に到着し、勝静らは将軍家茂の命によりこれを迎えた。この時、大原勅使は、一橋慶喜を将軍の後見、松平慶永を政事総裁職、それ以外に将軍が諸大名を率いて上洛し、朝廷と国家の治平を討議することなどを主張した。勝静をはじめ重役も最初この要求は薩摩藩の横暴として拒否していたが、最終的には勅命ということでこの案を受け入れた。

大原勅使は、岩倉具視にこの経過を報告しているが、その中で「老中の板倉勝静はごく普通の人で、まず常識的な対話ができる。本人自身の極意というものはないように思える。だが、その背後にいる顧問の山田安五郎（方谷のこと）という人物は、表には出てこないが、きっとした人物で、勝静の意見のすべては方谷の考えにしたがっているのではないか」と述べた。

江戸幕府の崩壊を予見していた方谷であったが、方谷は誠心誠意尽力し、参勤交代の緩和に対しても以下のような案を述べている。

文久二（一八六二）年、政事総裁職となった松平慶永らは、参勤交代制の緩和を申し立てた。この問題について、老中勝静をはじめ幕府の重役は、祖法は曲げるべきではないといって反対したが、一橋慶喜（のちの徳川慶喜）はこの際、改革する方がよいといって賛成した。

この参勤交代制改革に関連し、九月十日松平慶永は、勝静の顧問方谷を招き、時事に処すべき意見を尋ねた。その翌々日勝静に対して方谷が罷り越した節申し立てた内、「往々割拠の弊害が生まれるかも知れないから、列藩へ文書で示されるがよろしい」といったことは、もっともなことと思うから、右文書の趣意を方谷に起草するように申し付けてもらいたいと依頼してきた。

そこで方谷はさっそく「参勤制度改革主意布告案」を起草した。参勤交代制緩和の主意は「海内政事一致」にあるが、「一致」の根本は、各自の私を去り天下公共の大道を行うことにあること、またそのために以来賞罰を正しく厳重にすることである。

大政奉還の図
提供：明治神宮聖徳記念絵画館

藩主板倉勝静が老中であった文久二（一八六二）年には参勤交代の緩和以外に「文久の改革」が行われた。「文久の改革」は外圧に対応するため大規模な海軍と洋式陸軍の創設を計画し、さらに行政組織の整理・簡素化を目指した。参勤交代制の緩和は、外国関係の緊迫化という外圧下で、軍備の充実を優先するためのものであった。

まず、軍制の改革を行い、西洋式にのっとって歩・騎・砲の三兵を設け、新たに陸軍奉行を置いてこれを総括させ、海軍の復興にも意を用いて軍艦の購入を行った。さらに、普請・小普請の両奉行の廃止をはじめとして冗官冗員の整理を行う一方、京都守護職を設け、会津藩主松平容保をこれに任じ宮廷の守護にあたらせた。

兵制改革のほか学制も改革し、学問所奉行を置いて大学頭の上位につけ、勧学に関する事務を執らせ、洋書調所をこれに付属させ、職制・服制などに関しても変革した。

二百年以上の伝統と格式を誇る幕府制度をわずかな期間で改革したのは驚嘆に値する。だが、将軍継嗣問題などで改革が不十分で終わってしまった。第二次長州征伐の最中に第十四代将軍徳川家茂が急死したのを受けて、慶応二（一八六六）年慶喜が第十五代将軍となった。慶喜将軍はフランスの軍制なども取り入れ幕府を中心とした中央集権国家の考えを持っていたが、世界に冠たる無血の大革命「大政奉還」を行うに至った。

原因はさまざまに言われるが、ひとつには厳しい政治情況や「我が君主は天子也、今宗室は将軍家也」という水戸藩二代藩主水戸光圀《みつくに》以来の水戸家の思想を、藩校弘道館において彼の父である水戸藩九代藩主斉昭に叩き込まれ、尊王の思想を持っていたことがある。ふたつには、斉昭正室であり慶喜の生母である吉子は有栖川宮から嫁いできたため、幼少のころから同行してきた宮家の侍女たちに宮家の話を聞き、抵抗感を持っていなかったことが挙げられる。江戸幕府歴代将軍にあって、皇室の血が入った将軍は皮肉にも慶喜が最初であり、最後となった。こうしたさまざまな環境が、結果として日本の欧米植民地化を阻止したともいえる。

なお、慶応三（一八六七）年十月十三日に、二条城で十万石以上の大名に「大政奉還」上奏文の草案を読み上げ審議を諮ったのは筆頭老中板倉勝静であった。この審議を受け、幕府は「大政奉還」上奏文を十四日に朝廷に提出し、十五日に受理された。

最近の研究では、筆頭老中板倉勝静の命を受けて方谷が「大政奉還」上奏文の原案なども起草したといわれている。

高梁川にかかる方谷橋

明治維新後の子弟教育に専念

明治維新の明治元（一八六八）年、方谷は松山城の無血開城に努力し、朝敵の汚名を受けた松山藩を戦火から救った。その後、藩の再興を図り、私塾で子弟の教育に努め、岡山藩の藩校である閑谷学校（備前岡山藩主池田光政が十七世紀に設立したが、のちに休校）などを再建した。方谷は陽明学の大家である熊沢蕃山を尊敬していた。閑谷学校を再興したのも、この学校が蕃山とゆかりがあったためでもある。

方谷は明治維新後、その財政手腕等を評価していた大久保利通などによる新政府入閣を断り、積極的に子弟教育を行った。方谷は、方谷の母の里である小阪部《おさかべ》（現在の岡山県新見市大佐）に移り住み、小阪部塾をつくるとともに、「明親館」（津山市）、「知新館」（新見市）、「温知館」（美咲町）、「知本館」（美咲町）などで講義をした。なお、これらの館はすべて方谷が命名している。

方谷は「備中聖人」などと呼ばれ、明治十（一八七七）年六月二十六日、家族や弟子たちに見守られながら、小阪部塾の自宅で、やすらかに亡くなった。七十三歳だった。

方谷が亡くなった小阪部塾跡には勝海舟揮毫《きごう》による八メートルの石碑が今も建っており、方谷の業績を讃えている。勝海舟が方谷の石碑に揮毫した理由は以下の通りである。

勝海舟の揮毫

方谷が首席老中板倉勝静の政治顧問をしていたとき、罷免され失意にあった勝海舟を板倉が陸軍総裁に引き上げたことによる。当然、その裏には方谷がいた。

勝海舟はしみじみと語る。

> おれはさ、幕府を見放す発言が災いして軍艦奉行を罷免された男よ。江戸で数年ぶらぶらしていたが、危機存亡の幕末に突然、大坂城にある首席老中板倉勝静侯から御呼びがかか

った。もともと四十俵の貧乏旗本で、幕臣の中の嫌われ者だったおれを、再度、江戸から召して、老中の独断で顧問にむかえてくだすった。将軍慶喜にうとまれた非主流派のこのおれが、幕府最後の陸軍総裁に浮上したのも勝静侯の後押しがあったからだ……。おれは板倉勝静侯をよく知る人間だ。天皇を思い、国を憂え、その忠誠心は天性のものだった。君子の資をもって乱世に当たったが、ついにその志を伸ばすことが出来なかったのが惜しい。人にはそれぞれ才能がある。だが、自らの才に合う時勢に出会うのは実にむずかしい。

時を得て、勝静侯が世に出ていたならば、その業績はまさに先祖の松平定信公にも勝ったろうに（『ケインズに先駆けた日本人　山田方谷外伝』）

第二節　備中松山藩の財政状況

それでは、方谷が行った藩政改革について具体的にみてみよう。

嘉永二（一八四九）年、元締役を拝命した方谷は、藩が公表している財政収支に疑問を抱き、藩の財政状況の詳細な調査に着手した。周囲の非常に非協力的な反発をよそに、淡々とかつ徹底的に調査・業務を進めた。その結果、備中松山藩は表向き五万石であるが、実際の石高は一万九三〇〇石にすぎないという恐るべき事実をつかんだ。まさに、当時の松山藩は粉飾決算を重ね、どうにもならない状況であった。

この事実に基づき、方谷は「藩財、家計引合収支大計」（「全集」第二冊）という藩財政の収支の試算をしている（次ページの表を参照）。これによると、幕末における軍備費など多額の臨時的経費が計上されているが、当時の備中松山藩の財政状況を概ね把握することができる。この表から分かるとおり、定期収入だけであれば、公債依存度はまさに七一%にも達する。定期・特別収入では約五四%にものぼる。さらに、臨時収入を入れた総計でも約四四%になる。また、嘉永二（一八四九）年の時点で約六百億円（十万両）の借金があった訳であるが、これは備中松山藩の通常ベースの財政規模の約二倍に相当する額である。

江戸時代は、各藩が独立採算制を採用している地方分権制度である。いわゆる各藩が〝小国家〟という状態であった。したがって、財政赤字の金額を論ずるよりも、公債依存度（財政赤字度）の方が、より的確に財政破綻（財政赤字）の度合いがよく分かると思われる。

現在、日本の財政赤字は危機的状況であるが、平成二十年度の国の一般会計予算の歳出総額（当初）は八三兆円、公債発行額は二五・三兆円で、公債依存度は三〇・五%である。当時の、松山藩の財政赤字度合いは、現在の日本の財政赤字の二倍以上である。

表1　嘉永2（1849）年備中松山藩財政収支試算

収　入				支　出	
項　目		金額（両）	公債依存度	項目	金額（両）
定期収入①	年貢米	22,000	71.0	江戸表・松山役所費用	14,000
			(29.0)	家中扶持米	8,000
特別収入②	産物・銅・鉄利利益金	10,000		借金利息	13,000
	山林その他利益	1,800		役用金	13,000
	小物成諸運上金	1,000		武備一切金	10,000
	小　計	12,800	(16.9)	異国船武備臨時金	5,000
定期収入・特別収入計（①+②）		34,800	54.1	救米・荒地引米等	3,200
			(45.9)	道中往来費用	3,000
臨時収入③	献納・別納米	4,000		その他費用	6,600
	御加増1万石米	4,000			
	小　計	8,000	(10.6)		
総収入	総計（①+②+③）	42,800	43.5	計	75,800
			(56.5)		
財政赤字（収支不足）		33,000			

※公債依存度は、総支出（7万5,800両）に占める公債（赤字）比率。
（　）書きは総支出（7万5,800両）に占める当該収入比率。

<借金>

項　目	金額（両）
改革前借金	10,000

※この表は、「方谷全集」第2冊をもとに「岡山　山田方谷に学ぶ会」が作成し、それに加筆修正を加えたものである。

（注１）支出の部には「武備一切金」「異国船武備臨時金」等約2万6,000両の臨時支出がふくまれている。

（注２）「当時利用借金」が3万両あるが、「産物・銅・鉄仕入れ元全」の3万両に充当したものとして上表に計上していない。

（注３）1両の考え方

ここで、江戸時代の1両が現在のいくらになるか考えてみる。1両の計算の仕方は様々な方法があり、その現在価値の換算金額の幅も大きい。

1両は当時、米150kgを購入できる金額であるので、現在価額で約8万円から10万円である。江戸時代、1両で掛けそば6,000杯を購入できたので1杯200円で計算すると現在価額は約12万円である。また、1両は使用人一人（住み込み）を1年間雇える金額でもあった。現在住み込みのお手伝いさんを雇うには、1カ月10万円から20万円かかるので、1両は120万円から240万円となる。

江戸幕府の時代と現代とを比較すると、人件費は極端に上昇しているが、米の値段は低下しているので、計算の仕方によって1両あたり8万円から240万円の幅がでてしまう。

当時の備中松山藩の現在の行政地区は高梁市、真庭市、新見市、倉敷市玉島地区の一部などであり、平成10年度の当該地域の予算決算歳出額（普通会計）の合計は約450億円になる。この450億円という数字が妥当かどうかは、上杉鷹山で有名な米沢藩と比べてみたい。

米沢藩の現在の行政地区は置賜地方（米沢市、南陽市、長井市など3市5町）であるが、当該地域の予算決算歳出額は約1,200億円程度となる。米沢藩が15万石で松山藩が5万石であるので、450億円はほぼ妥当な数字といえるのではないか。

1849年の松山藩の支出額は7.6万両（その中には2.6万両の臨時支出が含まれている）である。したがって1両当たり約60万円となる。ちなみに、2.6万両の臨時支出を除くと松山藩の支出額は5万両で、1両当たり約90万円になるが、少し大き過ぎる感じがする。したがって、1両当たり約60万円で換算することが妥当な水準であろう。

第三節　方谷の基本的な哲学
〜「理財論」と「擬対策」〜

方谷の藩政改革を一貫して貫いた哲学は「士民撫育《しみんぶいく》」（武士も農民も慈しみ愛情をもって育てる。国民全体を富裕にする）である。つまり、「領民（国民）を富ませることが国を富ませ活力を生む」という哲学である。具体策として、民生刷新政策などにより、国民の生活を安定させ、産業振興政策によって国民全体の生活を向上させるというものである。

こういう哲学があったからこそ、中長期的には藩士（国民）から改革が支持され成功した。その哲学を支える理念として、「事の外に立ちて事の内に屈せず」と「義を明らかにして利を計らず」がある。これは「理財論」に述べられている。また、財政改革を成功させるためには、賄賂と奢侈を除去しトップ自らが範を示す必要があることが「擬対策《ぎたいさく》」に書かれている。ここで「理財論」と「擬対策」をみてみる。

一　「理財論」

「理財論」は、方谷が佐藤一斎塾の塾頭をしていたときに書かれ、上下二編からなる経済論の概論であり、方谷の藩政改革の中の財政再建を成し遂げる規範となっている。弟子の三島中洲《ちゅうしゅう》も、「方谷は後に理財を以て海内に名声があったが、この二編を実践したものである」と述べている。


「理財論　上」

（略）総じて善く天下の事を制する者は、事の外に立って事の内に屈しないものだ。しかるに当今の理財の当事者は悉く財の内に屈している。（略）ただ理財の末端に走り、金銭の増減にのみこだわっている。これは財の内に屈しているものである。（略）

「理財論　下」

（略）義と利と区別をつけるのが重要なことです。政道を整備して政令を明確にするのは義のことです。飢餓と死亡とを免れようとするのは利のことです。君子は義を明かにして利を計らないものです。（略）義と利との区別が一たび明らかになれば、守るべき道が定まります。

（略）利は義の和と言います。政道が整備し政令が明確になるならば、飢餓と死亡とは免れないことはありません。（略）


以上であるが、方谷の理財論は、藩国の財貨の運用はいかにあるべきかを論じており、一国の財政論ともいうべきものである。

上編の中で、「総じて善く天下の事を制する者は、事の外に立って事の内に屈しないものだ。しかるに当今の理財の当事者は悉く財の内に屈している」と言っているが、これが方谷の理財論の眼目である「事の外に立つとは、全般を見通す識見を持って大局的立場に立つことを言い、事の内に屈するとは、一事にかかずらわって全般を見通す識見を持たない事をいっている」のである。

「事の外に立って事の内に屈しない」とは、言い換えれば、「財政問題の外に立って財政問題の内に屈しない」ということであり、方谷は、財政の窮乏という、数字の増減にのみ気をとられることを強く戒めているのである。

厳しい倹約と緊縮財政だけでは、経済と社会が萎縮・停滞してしまう。額に汗して働く領民が報われ、豊かになるよう、いかにして経済と社会に活力を与えていくかということに心を砕かなければいけない。つまり、領民（国民）を富ませ、幸福にさせ、活力のある社会をつくることが必要なのである。今でいえば、国民の立場に立って財政・税制等の社会制度を考えるということであろう。そうすれば、自然と財政は豊かになると主張しているのである。

戦後の歴代首相の指南役を務めた陽明学者である故安岡正篤氏は、この理財論を学ぶことが現代に大変参考になると述べている。

二 「擬対策」

「擬対策」は、方谷が江戸遊学から帰藩したころに書かれ、主君の質問に答えるという形式で書かれている。

方谷の政治論の概論である。

「擬対策」
現今は太平が長く続いているが、衰乱の兆があらわれている。それは天下の士風が衰微しているからである。古の士が尊んだのは義であるが、今の士は利を好む。このように風俗が変わり、士が利を求めるようになったのは、政治と教育とが悪いからである。そしてその由来するところは、財政が窮乏し、上下ことごとく貧困に苦しんでいるからである。
この財政の窮乏する原因はどこにあるかといえば、賄賂が公然と行われていること、奢侈がひどいこと、この二点にある。この二点を除去しなければ、財政の窮乏を救うことはできない。（略）

ここには端的に備中松山藩の窮乏の原因が述べられている。それは純粋に経済学的な問題ではない、藩内の社会的な問題、すなわち「賄賂」「奢侈」だといっている。これに立ち向かうには、よほどの外科的手術が必要である。そこで、方谷は、藩主の決断と、それを忠実にかつ私欲なく実行する人間の存在を求めているのである。

方谷は改革を行う精神として「誠意」中心主義を貫いた。方谷の人柄・精神を三島中洲は「至誠惻怛《しせいそくだつ》」としている。

至誠惻怛とは、「まごころ（至誠）と、いたみ悲しむ心（惻怛）があればやさしく（仁）なれる。そして、目上にはまことを尽くし、目下にはいつくしみをもって接する。心の持ち方をこうすれば、物事をうまく運ぶことができる。つまり、この気持ちで生きることが、人としての基本であり、正しい道である」ということである（「岡山　山田方谷に学ぶ会」作製のカレンダーから抜粋修正）。

第四節　方谷の七大政策

以上のような「理財論」と「擬対策」に述べられた基本的な考え方に基づき、方谷が行った財政政策などの七大政策を簡単にまとめると表2のとおりである。

新時代の潮流を読み（産業振興）、国民を富ませ（民政刷新改革、教育改革）、国民に信頼される（負債整理、藩札刷新）政策とともに、政府の無駄を省く（上下節約）政策は、

表2 ［7大政策］

政　策	具　体　策
1．産業振興	・新しい時代の潮流に乗った産業政策 ・有効な公共投資 ・鉄製品等特産品の育成 ・藩の事業部門新設（専売事業の推進） ・船を使い江戸に直送
2．負債整理	・緻密な返済計画策定・実行 ・大坂商人への借金返済延期願い ・大坂蔵屋敷の廃止
3．藩札刷新	・信用のなくなった旧藩札焼却、新藩札発行
4．上下節約	・藩士の穀禄を減ずる ・役人への饗応禁止 ・贈答の禁止
5．民政刷新改革	・凶作に備え領内40ヵ所に貯倉設置 ・贈賄を戒め、賭博禁止 ・目安箱の設置
6．教育改革	・学問所、教諭所、寺子屋、家塾など75ヵ所
7．軍制改革	・近代的な銃陣、新式砲術の採用 ・農兵の組織化（里正隊）

（注）1から4までの政策は財政改革の一環であるが、一つひとつが大きな政策なので別の政策として表記した。

現代社会に十分のヒントを与えてくれるのではないだろうか。また、軍制改革などの逆境から生じた新しい発想は、困難に直面する日本に新たな指針を与えてくれるのではないだろうか。

方谷の場合、後に述べるように陽明学を学んだが、陽明学の祖王陽明も早急に改革して失敗していることを他山の石として、七年間という歳月をかけて改革を進めたことが、成功に結びついた。

一　産業振興政策

方谷の財政再建の切り札は鉄と銅であった。高梁地区は古くから良質の鉄と銅を産出していた。当時、製鉄は砂鉄を原料としていたが、中国地方の山地全域で盛んであった。その産出量は全国生産量の七割以上を占めるほどであった。

方谷は、鉄山、銅山の開掘を藩の直轄事業とするとともに、そこから産出する鉄や銅を加工する工場を次々と建設していった。これらの設備投資には、倹約令の実行、債務の一時棚上げ、大坂蔵屋敷の廃止と蔵米の直売等で捻出された資金が回された。この良質の鉄を原料とする「たたら製鉄」により鉄器、農機具、釘などを生産した。中でも三本歯の「備中鍬」を改良し全国に普及させていったし、大火の多い江戸の町では「鉄釘」が高値で売れた。手元の安価な原材料を用いて産業を興すという資本主義の鉄則を方谷は実践していたのである。

また、方谷は「撫育方《ぶいくがた》」という役所を嘉永五（一八五二）年に新設した。この「撫育方」は藩内の事業部門であり、備中松山藩の専売事業を担当した。ここでは、藩内において生産された年貢米以外の一切の産物を集中させ、その販売管理も手掛けることとした。

「撫育方」を全面に打ち出すということは、ある意味では武士階級を商人に近づけるという、「士農工商」の原則を崩していくことになる。時代の流れを的確に読み、武士階級を商人に近づけるということに、武士の反発（もしかしたら、武士自体もまったく気づいていないかもしれない）にも関わらず、スムーズに行えた方谷の行政手腕には驚嘆するものがある。

この「撫育方」が彼の改革に大きな役割を果たすのだが、その理由のいくつかを挙げてみる。

まず、第一は、この「撫育方」が取り扱った品物にある。ここで扱う物の中心は鉄製品、すなわち高付加価値の製品であったこと。

第二として、備中松山藩ならではの特産品も取り扱ったこと。杉や竹、漆、茶などに加えて、たばこ、柚餅子《ゆべし》、檀紙《だんし》などのブランド化に成功しているのである。

第三として、鉱山を直営としていたこと。

第四として、こうした製品を海路江戸に直接送り販売したということ。高梁川を下り、河口の玉島港に運ぶ。そこから藩の船（「快風丸」等）で江戸という大消費地に直接商品を運び販売することが、莫大な利益を藩にもたらしたのである。

加えて注目すべき点は、方谷の行った道路や河川の改修といった「公共投資」がある。これらが産業基盤を整えるだけでなく、新たな利潤を生み出したのである。

総じて、原料、生産、販売を一手に引き受けた「撫育方」の働きによって、備中松山藩での殖産興業は進められ、財政再建が進んだ。

これら殖産興業による利益は、三年目にして六十億円（一万両）を超え、翌年には三百億円（五万両）に迫る勢いとなった。財政再建に大きな光明が見えてきた。藩政改革に着手してから、わずか七年で六百億円（十万両）の借金を返済し、なおかつ、約六百億円（十万両）の蓄えができたのは、ひとえにこの「撫育方」による殖産興業政策にほかならない。

方谷は、備中松山藩の六百億円（十万両）の借金が、本質的に農本主義経済（米本位制）と資本主義経済（金本位制）が併存していた徳川幕藩体制の矛盾により生じたものであることを看破していたのである。商業の発展が財政負担を重くしているにもかかわらず、自給自足を基本とする農本主義経済に立脚する徳川幕府体制の財源は、農民たちからの年貢米のみであった。資本主義の論理により経済成長を推進している商人に対しては、何ら課税することなく、かえって借金を重ねるのみであった。資本主義経済が農本主義経済を浸食していたのである。

十八世紀半ば以後は幕藩体制の衰退期であるが、徳川時代の三大改革である享保・寛政・天保の改革も、いずれも経済危機に遭遇して行われている。新田開発、租税増徴、専売制の導入、諸藩の相次ぐ藩札発行は改革を機に行われた。

幕府は、藩札発行のメリットの大きさに着目し、貨幣改鋳を財源にすることに大きなウエイトを持たせる政策を取り続けたのである。しかし、貨幣経済、流通経済の発展という大きな流れに抗することはできず、御用金、運上金、冥加金などの商工業税の徴収、増徴を実施してなお、借入金を重ねていった。この間に国の経済の中心は豪商、豪農へと移っていったのである。

方谷は、資本主義経済において生み出された借金は、農本主義経済の範疇での節約などの方策では到底返済できるものではなく、資本主義経済による利潤の確保によってのみ返済可能であることを見抜いていたのである。したがって、産業を振興することにより新たな利潤を生み出すという考え方を、彼は備中松山藩において実践し、成功に導いたとも言える。

矢吹邦彦氏は著書で「ケインズに先駆けた日本人」と方谷を評しているが、これこそまさしく、二十世紀の経済学の巨人ケインズがいうところの「有効需要の創出」であると考えられる点から見て、方谷は当時世界屈指の経済学者であったともいえる。

ここで余談になるが、同志社大学の創立者でありキリスト教伝道に生涯を献げた新島襄がアメリカ密出国の際、最初に乗船した船は、産業振興策によって方谷が購入した「快風船」であった。ちなみに、新島は備中松山藩板倉家の分家にあたる安中藩（群馬県）邸で生まれた。

方谷の財政改革の成功は、思わぬところでキリスト教普及にも貢献していることを考えると、歴史の雄大さと不思議さを感じる。

二　負債整理政策

多額の負債整理という問題を解決しない限り藩財政の改革はあり得ない。藩の現状を包み隠さず債権者である大坂の両替商（銀主）に説明し、協力を得る以外に道はないと方谷は決心した。今でいう情報公開である。それまでの借金を一時棚上げしてもらうためである。そしてその間に藩の財政体質を健全化し、新規事業に投資する。その新規事業で生み出された利益をもって棚上げしていた借金を返済していく、という財政再建のシナリオである。

方谷は、この帳簿公開の実施を藩の重役会議で了承させるため、次のように説得している。

藩の実収が、実は二万石に満たない事を大坂の銀主達に暴露すれば、今までそれを隠していた備中松山藩の信用は一時的には最悪の状態を招き、彼等の信義を裏切る事になるのは確実です。怒りもしましょう。だが、その事によって、初めて藩が再建出来、藩政改革の成就によってしか銀主の借財を返済する事は出来ないのです。借りたものは返す。これが大信を守るという事です。今までと変わりなく実収を隠して、銀主達への信義を失うまいとするのが小信を守るやり方です。ますます藩の負債は増すばかりでございます。やがて、かならず、負債返済が不可能の時が、ごく近々おとずれてまいります。問題の後送りにしかすぎません。大なる信義を守るためには、小なる信

義を守ってはおれませぬ（矢吹邦彦『炎の陽明学』より）

藩の了承を得た方谷は、大坂の銀主たち（加島屋等）との交渉に出向いた。このやり方も当時の常識の範疇を遥かに越えたものであった。帳簿を持参し、元締役自らが藩の窮状と粉飾決算の実態を余すところなく暴露したのである。しかもすべての銀主たちを一堂に会してである。今でも複数の相手がある重要な交渉のときは、利害関係の大きい相手と事前交渉、いわゆる根回しをするのが常識である。これは方谷の信条である「誠意」中心主義の発現である。

大坂商人は、経済については絶対の自負をもっていた。銭勘定に疎い武士などは、表面的に威張っているだけの張り子の虎であり、絞れるだけ絞りとるカモに過ぎなかった。ところが、方谷はそんな固定観念をうち砕く桁外れの器量であった。誠意と度胸、そしてただならぬ経済への造詣に、「大坂商人の目を抜き取る武士」と驚嘆したといわれている。

方谷の提案を受け入れ大幅に譲歩した方が確実に債権が回収できると判断した銀主たちは、方谷の申し入れを受け入れた。

方谷の財政改革は大きな第一歩を踏み出したのである。

次に方谷は、経費節減の観点から大坂蔵屋敷を廃止し、蔵米を備中松山藩で保管し、有利なときに販売し現金を入手する方法に改めた。これは、若いときに菜種油の製造販売で苦労した体験があってこそなし得たものである。これにより年間十八億円（三千両）から三十六億円（六千両）の利益が上がったという。蔵屋敷の廃止と合わせると二十四億円（四千両）から四十二億円（七千両）の利益が上がったことになる。この蔵米は膨大な借金の担保に押さえられていたものである。銀主たちは借金の一時凍結をした上に、その担保までも放棄するという条件を飲んだのである。奇跡というほかに言いようのない方谷の交渉力である。

また、蔵屋敷を廃止したことにより藩内に年貢米を貯蔵する蔵が必要となったが、方谷はそれを藩内四十カ所に貯倉を設置することで対応した。貯倉は、平時には蔵屋敷として、飢饉のときは飢えた農民に米を緊急配給する義倉としての機能を果たすのである。大坂蔵屋敷の廃止は、一石二鳥どころか三鳥、四鳥の効果を上げたのである。

三　藩札刷新政策

江戸時代の貨幣（正貨）は大別して、金貨、銀貨、銅貨の三種類からなっているが、その鋳造は徳川幕府の独占事業であり、各藩が独自に貨幣を鋳造することは御法度であった。その代わりに紙幣である藩札の発行が認められていた。もちろん額面どおりの金貨等にいつでも交換される兌換紙幣であることが条件である。実際の発行に際しては、正貨に打歩《うちぶ》（例えば金九両に対して額面十両の藩札と交換）して藩札との交換を奨励し、逆に藩札を正貨と交換する場合には発行時以上に打歩（額面十両の藩札を金八両と交換）するという手法がとられていた。

当時の備中松山藩は一匁《もんめ》札と五匁札の二種類の藩札を発行していたが、財政が逼迫化していたため藩札の兌換準備金にも手をつけ、準備金が底をついていた。にもかかわらず、方谷が元締役に就任する前の天保年間に大量の五匁札を新たに発行した。こうなると不換紙幣同然である。通貨というよりも約束手形のようなものである。倒産同然の「貧乏板倉」の藩札は、ニセ札まで出回るなど、まったく信用のないものであった。

方谷は、「余は我藩財政につき、過半の力を藩札の運用に用いたり」と後年述懐しているように、財政再建に当たっては藩札の信用回復を重視していた。改革に着手すると同時に、三年間という期限を切って、この世間から蛇かつのごとく嫌われていた紙屑同然の藩札を貨幣に交換するとのお触れを出した。殖産興業の設備投資資金をやりくりするだけでも至難の技であった財政状況の中で、このような思い切った通貨政策を実施した。

回収された五匁札は、四八一貫一一〇匁（八〇一九両、約八億円）にも上る。当時の備中松山藩の財政規模の二割に近い大変な額である。藩政改革の命取りになりかねない危険をはらんだ藩札回収を何もこんな時期にやらなくても、財政再建のめどが立ってからすればよい、と考えるのが常識的であろう。

それをあえて実行に移したのは、方谷の経済理念と緻密な計算によるものである。藩札と交換し、市中に出回ったお金は必ず次の経済の芽を育む。人々が社会的不安に駆られて懐を必要以上に引き締めると、流通がストップし、経済が停滞し崩壊するという経済学の鉄則を方谷は熟知していたのである。

人々の不安を取り除くには、通貨の信用力を回復し、藩の威信を取り戻す以外にないことを理解し実行に移したのである。

嘉永五(一八五二)年九月、方谷は、回収した四八一貫一一〇匁の藩札と未使用の五匁札二三〇貫一九〇匁(三八三六両、約二十四億円)、総額七一一貫三〇〇匁(一万一八五五両、約七十二億円。これは松山藩財政の約一六%に当たる。現在の国家財政に当てはめれば約十三兆円に相当する)というおびただしい量の藩札を大観衆の面前で一挙に焼却したのである。いわゆる「悪貨焼却」(悪貨駆逐)施策である。朝の八時から始まって夕方の四時までかかったという、藩政改革一大キャンペーンである。娯楽の少なかった当時、多くの農民が朝からお弁当を持って見物した。

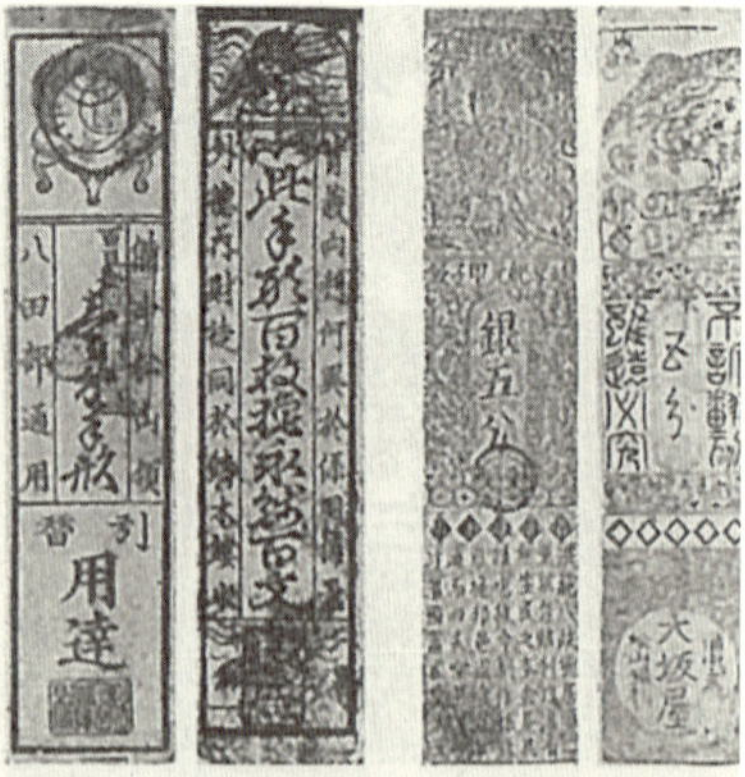
藩札　新(表・裏)　旧(表・裏)
『高梁市史』より転載

先に大坂の銀主たちに藩財政の粉飾決算の帳簿を公開し、備中松山藩五万石が実は二万石にも満たないものであったことを公開し藩の威信は地に落ちている。藩札の兌換を実施することは、藩政改革への取り組みのただならぬ決意を内外に表明するとともに、藩の威信を回復するためにも早急に取り組む必要があったのである。

その後、殖産興業により得た巨額の利益を準備金として、新たな藩札を三種類（五匁札、十匁札、百匁札）大々的に発行した。「永銭」と呼ばれたものである。先の一大パフォーマンスの効果もあって、新たな藩札は抜群の信用を勝ち得て、他藩の領内にまで流通するようになったという。「永銭」の流通量が増えるということは、備中松山藩の金庫に正貨が蓄積するということであり、殖産興業による巨額の利益と相まって、六百億円（十万両）の借金を返済することができたのである。

四　上下節約政策

方谷は、以下のような倹約令を嘉永三（一八五〇）年に出した。
一　衣服は上下ともに綿織物を用い、絹布の使用を禁ずる。
一　饗宴贈答はやむを得ざる外は禁ずる。
一　奉行代官等、一切の貰い品も役席へ持ち出す。
一　巡郷の役人へは、酒一滴も出すに及ばず。（その他は省略）
この倹約令は、主として中級以上の武士と豪農、豪商を対象としている。下級武士や一般の農民などはこれ以下の生活を既に余儀なくされており、今更倹約もなかったのである。上から下までの倹約をうたいながら、実際の対象を中級以上の者に置いたことが、この倹約令の実効性が確保されたことにつながっている。方谷の施政の基本である領民第一主義がうかがえる。

方谷は、藩士の俸禄を減じるに先立ち、自らの俸禄の大幅な削減を藩主に申し出ている。俸禄をカットされた上に、役得までも禁止したやり方に対する方谷への反発はひとしお大きく、方谷暗殺の噂がまことしやかに流れていたというのも無理もない。暗殺の噂が出たことや開墾を奨励したこともあり、方谷は一時、城下からはるか離れた土地（現在の「ＪＲ方谷駅」のあるところ）で自ら開墾し、役人たちの強烈な反発に対応した。

ＪＲ伯備線方谷駅

藩主勝静も改革に当たっては率先して倹約の範を示し、木綿の衣類を着て粗末な食事をしたという。

方谷自身も、あまりに自分の俸禄を切り下げたために苦労していた。方谷の愛弟子である河井継之助が、方谷の元を離れ帰京する際に『王陽明全集』を所望した。方谷はただで譲り渡したかったが、自分の懐具合が寒いため、いくばくかの金をもらってしまった。そのことを方谷が後で嘆く記述がある。

それでも河井継之助は「山田先生を神のごとく尊信し、一室に先生の書幅を掲げ毎朝拝礼していた」（河井継之助の未亡人の言葉）。

五　民政刷新改革

方谷が藩政を担当し、その改革を行うに当たって終始貫いた方針は「士民撫育」ということであった。産業振興、藩札刷新いずれも一時の耐乏によって将来の藩士領民の生活を安定させ富国強兵を図るためであり、まさに「国利民福」に根本をおいた士民撫育であった。このことは、嘉永四（一八五一）年四月八日の藩財政に関する上申書「借財整理着手及結果又其後ノ方略上申」（「全集」第二冊）の中で、「財政再建は、金銭の取り扱いばかり考えていては決して成就できるものではなく、国政から町民・市中までをきちんと治めて、それができるものである。政治と財政は車の両輪である」と述べていることからも分かる。

河井継之助
提供：新潟県長岡市立中央図書館

また、安政二（一八五五）年十月の上申書「撫育の急務上申」（「全集」第二冊）においては、「藩主の天職は、藩士並びに農民、町人たちを撫育することにあります。先ず急務とするところは、藩士の借り上米を戻すこと、農民の年貢を減らすこと、町人には金融の便宜をはかり交易を盛んにすることとこの三か条であります」と述べ、さらにまた「撫育方と名づけるわけは、撫育を主とし人民の利益をはかり、そのうちから自然に上の利益も生じ、その利益によってお勝手もしのぎやすくなり、そうすれば人民の年貢米もかからぬこととなり、それがまた撫育になるのです」と述べているように、方谷の藩政改革の目標は上下ともに富むということであった。

このような根本的な考えのもとに実施した、具体的な民政刷新策とその効果は次のようなものであった。

① 賄賂を戒め、賭博を禁じた。

庄屋、富農、豪商が権力者に個人的に謁見して、賄賂を贈る悪習があったため、方谷は、庄屋といえども役所以外での面談を禁止した。また、賭博が横行したため、これを禁止し、禁を破る者があれば、片鬢や眉などを剃り落とすという厳科に処している。

② 盗賊の取り締りを厳しくし、奢侈を禁じて風俗を正すとともに、「寄場」と称する懲役場を設けた。

精選した「盗賊掛」を置き、探索、逮捕を厳重にし、重罪の者は、これまでどおり獄舎に収容したが、軽罪の者は、更生させるための施設「寄場」（今でいう感化院）において感化善導を加えて、改悛の情のある者は放免した。

③ 領内に四十カ所の貯倉を設け、水害や干魃などの凶年に備えて民心を安定させた。

貧しい村には、担当者を通じて米や金を与えた。庄屋で三代以上の旧家で困窮する者には米七十俵を無利子で貸し与え、十年後に返納させた。また、嘉永六（一八五三）年、備中松山藩は干害（日照り）にみまわれたが、方谷は、飢えた農民たちの救済のため四十カ所の貯倉を開き、米を配っている。このため藩内では餓死者がでず、農民からは「生き神様」といわれた。

④ 道路を整備し、水利を通じさせた。

狭い道路は道路幅を広げ、川や溝のふさがっているところは川底をさらった。中でも城下松山（高梁市）から賀陽郡種井村（現在の総社市種井）にいたる道路は松山往来の本道であるにもかかわらず狭かったので、安政六（一八五九）年に幅員を拡張して人馬の往来を便利にした。これによって産業もまた大いに栄えたのである。

⑤ 城下と玉島、八田部（現在の総社市駅前周辺）に「教諭所」を設置し庶民教育を施した。

⑥ 「目安箱」を設置した。

目安箱は第八代将軍徳川吉宗が、享保六（一七二一）年に評定所の門前に設置し庶民の意見を聞いたのに始まるが、備中松山藩でもこれを取り入れ、総門外の制札場に設置している。これには「家中領民」誰でも、「政事向きより何事に寄らず存じ候事」を記して投書することができた。

以上のような具体的かつ厳格な民政の執行によって、悪習は一掃され、節約の風も大いに行われ「昔に比べると夢のような安楽な土地になった」（『峠』司馬遼太郎）といわれ、他領内の者は、備中松山藩に入ってその現状を知り、大いに見習うべきだと感じいった。

六　教育改革

方谷は庶民教育のための学校設立にも力を注いだ。方谷が有終館の学頭に就任した天保七（一八三六）年に備中松山藩の教育施設といえるものは、藩士の子弟を対象とした有終館と江戸藩邸学問所のわずか二カ所のみであった。だが、方谷は庶民教育の重要性を説き、野山地区（現在の加賀郡吉備中央町宮地付近）に「学問所」を設けたほか、鍛冶町、八田部地区、玉島地区に「教諭所」を設置した。この他、家塾十三カ所、寺子屋六十二カ所を開講するなど、教育施設の充実ぶりは、備前藩等の近隣の大藩をはるかに凌ぐものであった。

「学問所」、「教諭所」では、有終館から会頭が交代で出講し、助教には民間の学芸に秀でた者をあてた。優秀な生徒には賞を与え、さらには士分に登用し、役人に抜擢したので、向学に燃えた子弟が集まった。また、自ら家塾「牛麓舎」を開いた。

また、方谷は明治維新後、大久保利通等からの新政府入閣を断って、明治六（一八九三）年備前岡山藩の藩校である閑谷学校を再建した。この閑谷学校からは、大原美術館を設立した実業家、大原孫三郎もでている。

閑谷学校

七　軍制改革

藩主勝静が初めて備中松山藩へ入封した弘化元（一八四四）年頃は、世界の列国が競って日本に目を向けようとしていた時代である。こうした社会情勢の中で藩主勝静は、士気を高め惰弱の風を一掃するために、文武奨励の号令をかけたのである。

方谷は藩主の強い信念を背景に、「文武は車の両輪である」という立場に立ち、学問の奨励だけでなく武道の奨励にも力を尽くした。とりわけ、これからの時代には西洋式の新しい砲術の修習や近代的な銃陣の研究及び軍制の改革が是非必要であるとして、弘化四（一八四七）年に三島中洲を伴ない、約一カ月間洋学が進んでいた津山藩を訪れた。津山藩で砲術と銃陣の大要について学んでいる。

帰藩後、さっそく大砲二門を鋳造し、新西洋式砲術及び銃陣を備中松山藩士に伝授した。これが備中松山藩における軍制改革の始まりとなった。

だが、兵法を知らない学者である方谷に兵法を教わるのは片腹痛いとの思いが強い藩士たちも多く、方谷の西洋式砲術や銃陣の採用には藩士の多くが乗り気でなかった。

そこで、手薄な藩士の守備を補うため、方谷が新たに考え出したのが「里正隊《りせい》」という農兵制度である。当時、領民のうち約八割は農民であった。圧倒的多数の農民を兵力に率いれて富国強兵を図ったのである。

方谷は、嘉永五（一八五二）年に領内六十余村の村長・庄屋（里正）の内、身体壮健な者を選んで銃術と剣術の二技を習わせ、厳しい訓練を行った。彼らには帯刀を許し、「里正隊」と称した。農兵による新たな軍隊組織の試みである。なお、このような組織としては、長州藩の高杉晋作による「奇兵隊」が有名であるが、「里正隊」はそれよりもおよそ十年早く編成されているのである。

当時の備中松山藩の状況を視察した長州藩の吉田松陰門下の俊英久坂玄瑞は「長州の銃陣遠く及ぶところにあらず」と感嘆した。久坂玄瑞が備中松山藩を視察した安政五（一八五八）年から六年後（文久三年）、高杉晋作が「奇兵隊」を組織した（ちなみに、久坂玄瑞と高杉晋作は吉田松陰の松下村塾の二傑といわれた）。

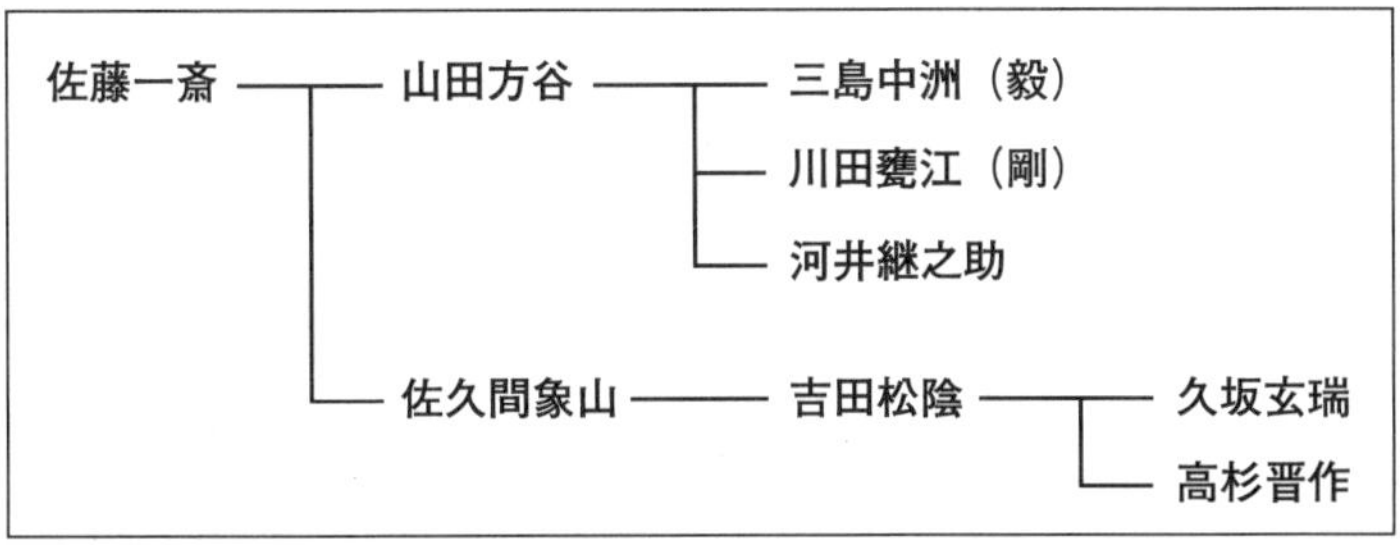

以上のように、農民や庶民を巻き込んで教育改革・軍制改革を行った結果、身分制度にとらわれることなく多くの有能な人材を輩出し、それがまた藩政改革の推進につながった。

幕末備中松山藩が朝敵として攻撃されそうになったとき、攻撃する征討軍も、松山藩の「里正隊」の強さを恐れ、なかなか手を出せなかった。方谷は主戦論を唱える人々を説得し、備中松山城を無血開城し、松山藩を戦火から救った。

だが、ひとつの悲劇があった。無血開城最後の日、首席老中板倉を護衛していた軍隊一行が、江戸に行った板倉老中と別れ、松山藩の飛び地の玉島（現倉敷市玉島地区）に戻って来た。征討軍は驚き、この軍隊を攻撃しようとした。戦争になれば玉島は火の海になる。松山藩護衛軍隊長の熊田恰《あたか》は、自分の命と引きかえに自分の部下と玉島の町を守った。

備前岡山藩主池田茂政は、熊田恰の自決を武士の亀鑑《きかん》と称揚し、熊田家に金や米を贈った。玉島の人々は羽黒山の頂に「熊田神社」を建立した。勝者の歴史の影に、敗者の純真で美しい歴史もひっそりとねむっている。

方谷を取り巻く師弟関係は前ページの表のとおりである。ちなみに吉田松陰との関係では、松陰は江戸で刑死になったが、幕府はその遺体を下げ渡してくれなかった。そこで久坂玄瑞は方谷に「松陰先生の遺体を下げ渡してくれない。松下村塾の塾生たちから言えば、せめて遺骸だけでも下げ渡してほしい。方谷先生の力によって、なんとか松陰先生の遺体を下げ渡していただきたい」という、涙の出るような手紙を書いた。

久坂玄瑞がこのような手紙を書いたのは、ひとつには玄瑞がかつて松山藩にやってきて方谷に接したことがあるからだが、何よりも方谷が幕府の中心である板倉首席老中を動かす力があり、しかも自分たちの心事をわかってもらえる人だと思ったからである。その後、実際に下げ渡しがあった。（団藤重光（刑法学者・元最高裁判事）による「心の旅路」（昭五十七年）と題した記念講演より。同氏著『この一筋につながる』〈岩波書店〉）

第五節　改革成功の理由、成果等

一　成功の理由

方谷の改革がなぜ成功したのだろうか。その理由を探ることは現代社会のヒントになる。

①壮大なる哲学（精神）・理念

方谷は藩の財政危機を救い、藩政改革を成し遂げた財政家である。方谷にはまず「領民（国民）を富ませることが国を富ませ、活力を生む」という哲学があった。方谷の言葉でいえば、改革の目標は「士民撫育」（すべては国民のため）である。また、改革を実現するため「至誠惻怛」（真心と痛み悲しむ心）という精神で行ったことである。

方谷の塾では「立志」「遊芸」「励行」に力が入れられた。現代風にいえば「立志」は「夢」、「遊芸」は「知恵」、「励行」は「元気」である。つまり「夢出せ、知恵出せ、元気出せ」という精神、特に方谷は「夢」を持つことの重要性を唱えた。

その哲学（精神）を支える理念としては「事の外に立ちて事の内に屈せず」と「義を明らかにして利を計らず」というものがあった。「事の外に立つ」とは大局的な立場に立つことであり、「事の内に屈する」とはある事だけにとらわれてしまい視野が狭くなることである。「義を明らかにして利を計らず」とは人として歩むべき正しい道（「義」）を明らかにすることが大切で、自分自身の利益（「利」）のみを求めるべきではないということである。

困難な局面に遭遇しても、哲学理念が寄りどころとなって挫折せず、難しい改革が成功したのである。

②正確な現状分析と情報公開による透明性の確保

元締役を拝命した方谷は、藩が正式に公表している財政収支に疑問を抱き、自ら藩の財政状況の詳細な調査に着手した。

その結果、藩の石高は表向き五万石であるが、実際の石高は二万石弱に過ぎないという事実をつかんだ。まさに藩は粉飾決算を重ね、藩の重役をはじめ誰も実態が分からない状況であった。

その事実を方谷はつかみ、「大信を守ろうとすれば、小信を守ってはいられない」と述べ、正確な情報公開に踏み切った。

正確な情報公開により一時的にはダメージを受けたかもしれないが、中長期的にはいい結果を生み出した。方谷の財政再建がうまくいった実務的な成功の原点がここにあるといっても過言ではないだろう。

③領民（国民）に改革の利益（豊かさ）を還元

方谷の藩政改革は、領民（国民）の要望に応える施策をも行っている。借り上げ米の廃止、農民の賦役の軽減、目安箱の設置など、次々に新しい施策を行った。

方谷には「領民を富ませることが国を富ませ活力を生む」という基本哲学があった。そのため、自然災害が発生し凶作になった時の準備として、各村に「貯倉」を設けて米を備蓄し、凶作の年には領民（国民）に備蓄米を配給する義倉としての機能を持たせた。嘉永六（一八五三）年に起こった干魃の際に領民（国民）から一人の餓死者も出さなかったというのは当時として奇跡に近いことであった。

「貯倉」はいわば農民にとっての社会保障であり、新たな新田開発の基盤ともなった。最も弱い立場にある農民が「貯倉」により日々の生活の安定が得られ、道路網の整備が図られることにより、山間地でも新田の開発が促進されたのに加え、物資が流通し経済が発展した。

また、農民には米だけでなく竹、漆、茶、たばこなどの農産品の栽培も奨励し、それらの農産品を、高梁川を通じて大坂や江戸の大消費地に輸送することによって多額の現金収入を得た。「松山たばこ」など当時としては珍しいブランド化に成功した農産品もあり、これにより農民は米作だけに偏重した農業形態から高付加価値な農産品を栽培し、方谷の改革の利益を享受することができた。

④地域の実情に基づく政策

方谷は富を生み出す産業振興策を積極的に行っている。方谷の財政再建の切り札は地元の中国地方で産出が多かった鉄と銅であった。それを加工し農機具や釘など生産した。特に三本歯の「備中鍬」を改良し全国に普及した。

このように地元の特性・利点を積極的にうまく利用して産業振興政策を行ったことが成功に結びついた。

⑤現場主義

方谷が財政を詳細に調査し、負債整理や藩札刷新及び上下節約政策を有機的に連結させることができたのは、日頃から領民の目線に立ち、市中の物の値段に鋭敏な感覚を持っていたからであろう。

方谷の愛弟子で会津藩士秋月悌次郎（後の五高教授。小泉八雲が「神のような人」と評す）は「尤も感ずべきは、布帛米穀《ふはくべいこく》は勿論、茄子胡瓜《なすきゅうり》の特価まで挙げて論及せし一事なり。因て方谷の実務に通達し、当要の偉器なるを知れり」と方谷の現場主義を評している。
⑥内外にうまく宣伝
方谷の行った七大政策は、備中松山藩のみならず他国への宣伝効果として大いに役立った。特に藩札刷新政策における高梁川での「悪貨焼却」（悪貨駆逐）は松山藩の信用を一挙に回復させた。

方谷は、前もって領民に「旧札を正貨で買い戻し、旧札を高梁川で焼却する」旨を宣伝し、実際に高梁川の河原で、多くの領民の前で旧札を焼却した。朝八時頃からはじめ夕方四時ぐらいまでかかったという、この高梁川での一大パフォーマンスが藩財政の信用を回復させ、産業振興の育成を推し進め、信用が信頼を形成し経済規模を拡大していく好循環は、現代の経済政策でも大いに参考となる事象である。
⑦積極的な情報収集
産業振興政策がうまくいった理由には積極的に情報収集したことも挙げられる。いわゆる市場調査である。江戸では大火が多いので「鉄釘」が売れるとの予想がずばり当たって

いる。この情報収集網は藩主板倉勝静等を通じての江戸などの中央情報、大庄屋の矢吹久次郎等からの情報など広範な情報収集力が役立った。

⑧改革支援者の育成と人材登用

方谷は藩校有終館の学頭や私塾を開いていた。そこから改革のときに方谷を助けた三島中洲や大石隼雄などが出ている。方谷は改革をするために彼らを教育したわけではなかったが、教育を通じて弟子たちが方谷の考え方を理解した。そういう優秀な弟子たちを門閥に関係なく登用した。彼らも自ら進んで改革に邁進することになる。

また教育を通じて、藩民にもＰＲすることができた。

⑨率先垂範

方谷は元締役就任後、藩士の減俸率を上回る俸禄辞退を申し出るとともに家計を第三者の塩田氏に任すことですべてガラス張りにして清貧を貫いた。このことがさらに多くの賛同者を増やした。

⑩改革を急がず

方谷の改革期間は約七年間である。改革を急がず着実に進めていったことが成功に結びついた。

⑪上司である藩主からの絶大な信頼

方谷が上司である藩主から絶大な信頼があったことも挙げられる。藩主板倉勝静は、方谷を中傷した藩士に対し「山田方谷について悪口を言うことを一切許さない」と厳命している。方谷の人格もさることながら、上司たる藩主も立派である。

二　成果等

方谷が残した成果として最初に挙げられるのは、なんと言っても十万両の借金があった備中松山藩をわずか七年で十万両の黒字の藩にしたことである。このことは江戸時代で有名な藩政改革を行った上杉鷹山《うえすぎようざん》の改革や、明治維新の中心となった薩摩藩の財政改革を行った調所広郷《ずしょひろさと》の改革と比べてみると、その見事さは明らかである。

上杉鷹山の改革期間は宝暦十三（一七六七）年から文政五（一八二二）年までの五十六年間（一説には鷹山が没したのは文政六年という説もある）で、その間、竹俣当綱《たけまたまさつな》が宝暦十三（一七六七）年から天明三（一七八三）年までの十六年間改革を行っている。やっと借金を返し終わったのは江戸幕府崩壊の一年前の天明二（一八六七）年であり、改革期間は百年に及んでいる。

鷹山の改革は、青そ、漆などの特産品の強化などに加え、農業が治国の基本と考えて荒地・新田開発、灌漑《かんがい》利水工事を行った。また、漆、桑、楮《こうぞ》各百万本の植立に投資をした。さらに興譲館という藩校も設立した。鷹山が藩主ということや、農業がまだ中心の時代背景もあり、その政策は農本主義体制に基づく改革であった。ところで改革以外でも、小児同然の心身であった正妻幸姫に対する慈愛、藩主としての姿勢、人間性がひときわ立派であったことは特筆しなければならないだろう。

薩摩藩の調所広郷の改革期間年は文政十（一八二七）年から嘉永元（一八四八）年までの二十二年間に及ぶ。彼は国産諸産品の改良増産にも力を入れたのに加え、「唐物方」と呼ばれる琉球を通じて中国との密貿易を行うなどして資金を調達した。また、五百万両の借金を無利息で二百五十年償還（実質的踏み倒し）という政策も行った。だが、調所は密貿易の責任をとって嘉永元（一八四八）年に自殺した。調所の改革などにより薩摩藩は明治維新の原動力となった。

方谷が行った改革は、当時考えられていた節約ということだけでなく、当時としては独創的な発想にもとづいてそれを成功させている。例えば、信用のなくなった旧藩札の焼却という一大パフォーマンスを行ったことである。これにより新たな藩札「永銭」は、他藩の人々からも正貨と認められるほどの抜群の信用を得た。

また、当時武士は「商売は卑しいもの」として

備中松山城

商人に任せていた商売を、武士が商売できるように「撫育方」という役所を創設した。「撫育方」に藩内で生産された年貢米以外の一切の産物を集中させ、特産品の開発から消費地への運搬、販売まで一貫して経営させた結果、多額の利益を挙げた。さらに大坂蔵屋敷を廃止し、蔵米を藩内で保管し、有利なときに販売して現金を入手する方法に改めたことで多額な利益が上がった。

四十カ所の「貯倉」は凶作の年には領民に備蓄米を緊急配給する義倉としての機能を果たしたことで、干魃に見舞われた凶作の年も備中松山藩では餓死者が一人も出なかった。

藩政改革を成功させたことにより、藩主の板倉勝静は第十五代将軍徳川慶喜の筆頭老中になった。方谷も江戸に出て顧問になり、参勤交代の緩和、大政奉還など江戸末期の難しい時代の舵取りを行った。

藩主の板倉勝静が筆頭老中をしていたこともあり、備中松山藩は朝敵となった。当然、多くの藩士たちは主戦論を唱えた。だが方谷は、「ここで戦争になって困るのは農民である。武士の体面にこだわり、町を火の海にしたらおしまいだ。耐えがたきを耐え、辛抱しよう」といって主戦論者を説得し備中松山城を無血開城し、藩自体を戦火から守った。

方谷の後半の人生では、自分の高位高官など見向きもせずに、将来の日本の教育のために子弟教育に費やした。当時教育といえば武士階級のための教育が主流であった。そういう中で、庶民教育のための「学問所」や「教諭所」などの教育施設の充実を図った。

また、有終館の学頭や家塾・牛麓舎を開いて多く優秀な弟子を育成し、明治、大正時代をはじめ現在に至るまで影響を与えている。

藩校有終館や家塾牛麓舎時代の主な弟子や方谷が影響を与えた人には、三島中洲（後の東宮（大正天皇）侍講、二松学舎大学創立者、第八十六国立銀行（現中国銀行）の創立者）、進鴻渓《しんこうけい》（藩校「有終館」学頭）、神戸謙次郎（第八十六国立銀行頭取）、大石隼雄（家老、裁判所判事）、川田順（明治三大文宗の一人で宮中顧問官）、熊田恰（藩家老、護衛軍隊長）、矢吹久次郎（庄屋ネットワークの盟主）、原田一道（備前岡山藩の支藩鴨方藩士で洋式兵学者）、林富太郎（撫育総裁）、阪谷朗廬《さかたにろうろう》（興譲館創立者）、三浦泰一郎（漢学者）、中川横太郎（関西高校の創設に尽力した実業家）、井手毛三（政治家、自由民権運動を推進）、福西志計子《しげこ》（「順正女学校」（岡山県で最初の女学校で、現在の高梁高校）の創立者、キリスト教の伝道にも尽力）などがいる（注1）。

さらに、大正天皇の信望厚い侍講（教育係）であった三島中洲は明治維新後西洋思想一辺倒に傾きはじめた世の中に危惧し、方谷の助言に従い、日本（東洋）固有の儒教道徳の確立をめざし、漢学塾二松学舎を創立した。漢学塾二松学舎は、その後二松学舎大学となり、初代校長には方谷の孫である山田準（済斎《せいさい》）がなった（注2）。

二松学舎大学は、犬養毅（首相）、夏目漱石（作家）、中江兆民（思想家）、平塚雷鳥（女性解放運動家）、嘉納治五郎（講道館創立者）、牧野伸顕（農商務大臣、大久保利通の

次男）、黒田清輝（洋画家）など政財界のみならず、多くの分野で業績を残した人物を輩出している。昭和三十八（一九六三）年には吉田茂（元首相）が舎長に就任した。

方谷は、教育によって多くの人材を輩出し、現代日本社会に多大な影響を与えている。方谷の夢は叶えられた。

（注1）福西志計子は岡山県出身の留岡幸助（東京・巣鴨に家庭学校を設立するなど感化事業の先駆者）、山室軍平（日本の救世軍の最高責任者）などを励まし相談にのった。留岡幸助の妻夏子、石井十次（岡山孤児院の設立など児童福祉の父）の妻品子も福西の設立した「順正女学校」で学んだこともあり、福西は日本の福祉関係に多大なる影響を与えた。

（注2）山田準は山田方谷の孫娘と結婚して山田家を継いだ。東京帝国大学古典講習科を卒業後、第五高等学校（英語教師の夏目漱石と同僚）、第七高等学校（鹿児島県）の教授を歴任し、昭和三（一九二八）年から昭和十八（一九四三）年にかけて二松学舎の学長、初代二松学舎専門学校長を務めた。西郷隆盛の研究の第一人者であり、著書に「西郷南洲遺訓」、「山田方谷全集」、「言志録講話」、「陽明学講話」などがある。

【主な参考文献】
・野島透『山田方谷に学ぶ財政改革～上杉鷹山を上回る財政改革者』（明徳出版）
・矢吹邦彦『炎の陽明学――山田方谷伝』（明徳出版）
・矢吹邦彦『ケインズに先駆けた日本人――山田方谷外伝』（明徳出版）
・小野晋也『山田方谷の思想　幕末の巨人に学ぶ財政改革の八つの指針』（中経出版）
・山田方谷に学ぶ会『入門　山田方谷～至誠の人～』（明徳出版）
・童門冬二『誠は天の道なり（山田方谷の生涯）』（講談社）
・林田明大『財務の教科書・財政の巨人、山田方谷の原動力』（三五館）
・林田明大『真説　陽明学入門』（三五館）
・大橋洋治『山田方谷に学ぶ経営改革』（山陽新聞二〇〇五年四月七日・方谷生誕二百年記念講演）
・樋口公啓『『続資治通鑑綱目講説』に見る山田方谷の藩主教育』（慶應大学大学院）
・深澤賢治『財政破綻を救う『理財論』山田方谷―上杉鷹山をしのぐ改革者』（小学館）
・『高梁市史（増補版）』（高梁市）
・三島復『哲人　山田方谷』（明治四十三年、山田方谷顕彰会復刻）
・伊吹岩五郎『山田方谷』（昭和五年、東京堂書店、山田方谷顕彰会復刻）
・宮原信『哲人　山田方谷とその詩』（明徳出版）
・山田琢『山田方谷』（明徳出版）
・山田方谷に学ぶ会『山田方谷のことば――素読用』（登龍館／明徳出版）
・朝森要『山田方谷とその門人』（日本文教出版）
・朝森要『山田方谷の世界』（日本文教出版）
・山田準『山田方谷全集（全三巻）』（明徳出版）
・『高梁方谷会報』
・団藤重光『この一筋につながる』（岩波書店）
・野口喜久雄『福西志計子の生涯』（高梁川）
・古城真一『武人の鑑　熊田恰公』（羽黒神

社）

・「山田方谷マニアックス」（インターネット）

・三宅康久『現代に生かす山田方谷の藩政改革――その経済政策を中心として』（大学教育出版）

・倉田和四生『留岡幸助と備中高梁～石井十次・山室軍平・福西志計子との交友関係』（吉備人出版）

・倉田和四生『福西志計子と順正女学校』（吉備人出版）

・岡山県立高梁高校『創立記念史』、『有終』

・『現代語で読む新島襄』（現代語で読む新島襄編集委員会、丸善出版）

[執筆者プロフィール]

野島　透（のじま・とおる）

一九六一（昭和三六）年生まれ。山田方谷研究家。東京大学を卒業後、大蔵省（現財務省）に入省。大阪国税局課税第一部長・査察部長、内閣府企画官（経済財政担当）、財務省大臣官房文書課情報公開・個人情報保護室長兼業務企画室長、内閣府参事官（公共サービス改革推進室）等を歴任。現在は預金保険機構審議役。祖父が野島家の養子となったため野島姓であるが、山田方谷六代目の直系子孫でもある。

主な著作等としては『山田方谷に学ぶ財政改革～上杉鷹山を上回る財政改革者』（明徳出版社）、『財政の天才　幕末を駆ける―山田方谷～奇跡の藩政改革』（ＮＨＫ、ＤＶＤ）、『日本の城』（小和田哲男監修、小学館）、『備中松山城』（寺田昭一編集、ＰＨＰ）、『山田方谷の研究』（山田方谷研究会編、吉備人出版）などがある。

［コラム②］芦田川の賜物、草戸千軒町遺跡

ＪＲ福山駅から鞆港行きのバスに乗り込むと、約十分で芦田川をまたぐ草戸大橋の西詰めに降り立つ。芦田川沿いに徒歩で北上すること一キロメートルほどで明王院《みょうおういん》の門前に着く。少し急な石段を登って大きな山門をくぐると、山の緑を背に鮮やかな朱塗りの堂塔が姿を見せる。

明王院は空海が開基したと伝えられる真言宗の古刹《こさつ》で、本堂と五重塔は鎌倉末期から室町初期に再建され、その斬新な意匠と優れた建築技術から国宝に指定されている。江戸時代には福山藩の祈祷所として歴代藩主から手厚い保護を受けた。

この寺の正面に位置する芦田川の中洲に、かつて明王院の門前町として栄えた港町の存在が明らかになったのは、一九六一（昭和三十六）年から三十年以上にわたって実施された大規模な発掘調査によるものである。

町としての成立は、平安末期から鎌倉時代と推定され、その後室町末期頃まで存続し、一六七三（寛文十三）年の芦田川の大洪水でその遺構が河床に埋没したとみられている。この草戸千軒町《くさどせんげんちょう》遺跡の発見は、わが国の考古学史上、高松塚古墳の発見と並ぶ戦後の二大成果とされ、まさに芦田川の賜物といえるものである。

遺跡の規模は東西約三百メートル、南北約八百メートルという広大なもので、おびただしい古銭や陶磁器片や五輪石塔類などが出土し、石垣を組んだ溝や石敷きの道、それらに

面した民家の街並みなどが確認されている。記録によると、明王院の塔堂の再建は地元民衆の寄進によるとされ、当時門前の港町であった草戸千軒町の繁栄ぶりがしのばれる。

現在、遺構跡があった中洲は治水上の問題から掘削されている。福山市にある広島県立歴史博物館では、当時の町屋の一部が精巧に再現され、中世にタイムスリップした気分を味わうことができる。

福山市街地の西側を流れる芦田川。川の中洲部分が草戸千軒町遺跡（現在は治水上の問題から掘削されている）
資料：広島県立歴史博物館

熊沢蕃山

炎の理想主義者
熊沢蕃山

増矢 学

古河歴史博物館所蔵

PROFILE

江戸時代前期に活躍した儒学者。現実に対応した政治的な実践を学問の目標とし、農本主義を唱えて治山治水による農業政策などを実践し、岡山藩の財政の建て直しに寄与した。晩年は『大学或問』の著述により幽閉され、死去した。

第一節　江戸学者界のスーパースター

熊沢蕃山（一六一九〜九一）が、岡山藩主の池田光政のもとで藩政改革に手腕を発揮した期間は十年にも満たない。

にもかかわらず、光政の参勤に従って江戸に上った際には、蕃山に教えを請う幕府高官や諸侯たちが少なくなかった。時の将軍徳川家光も引見しようとするほどであったという。名君のブレーンとしての蕃山の声望は三十歳代にして全国に鳴り響いていたのである。

蕃山は一般庶民から尊崇と憧憬を受けた稀な学者でもある。江戸中期に江戸や大坂などで『名物評判記』という冊子が数多く出版された。それは、当時の学者・医者・役者・力士さらには魚・虫など、巷《ちまた》のあらゆる文物を品定めしたもので、さしずめ現代のタウン誌やインターネット検索といった庶民の情報源であった。

その中に、当代の一流の学者先生を番付した『学者角力勝負附評判《がくしゃすもうしょうぶつきひょうばん》』がある。そこで蕃山は、近世最高峰の学者と目される新井白石、荻生徂徠をさしおいて、番付の最高位である東の大関にすえられている。筆者はその理由として、「他の学者と異なって志が高く学問の実効性を重んじて、口先ばかりではなく行動が果断である」と記している。

この高い番付からは、直接政治に関わる機会を得られなかった多くの学者たちが抱く蕃山への特別な思い、端正な顔立ちに似合わない剛直さと幕政批判による不遇な後半生への庶民の同情心などが込められているように思える。

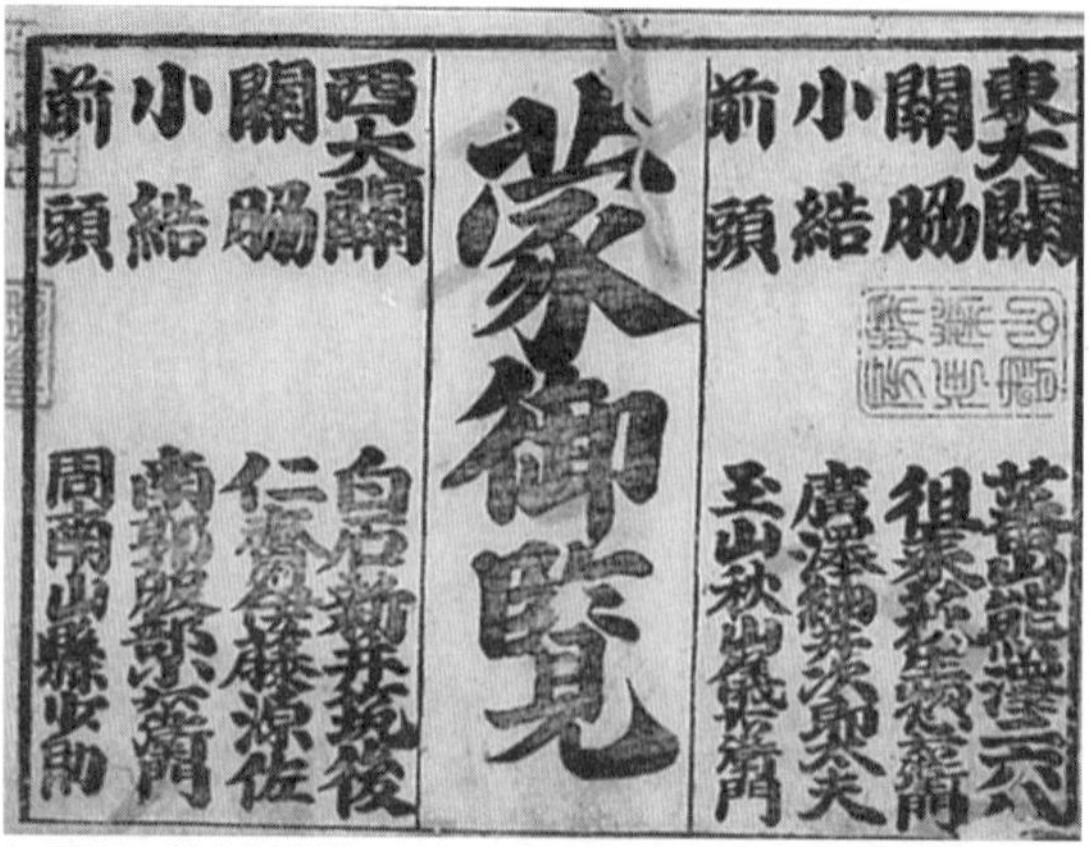

江戸期の学者番付表。東大関に蕃山がすえられている。
『学者角力勝負附評判』（東京大学教養学部図書館所蔵）

幕末・明治維新の激動期においても、蕃山を敬慕する政治家や学者が多かった。なかでも幕閣の政治顧問として軍政改革や参勤交代の縮小などを進言した横井小楠、備中松山藩の家老として藩政改革を進めた山田方谷らは熱烈な蕃山崇拝者として知られる。

儒学を重んじながら伝統的な日本文化にも深い関心を示した蕃山の思想は、当時、西洋の思想や技術をいかに受容するかという困難な状況にあって、佐久間象山や橋本左内らが唱えた「和魂洋才」の精神的な支柱になったといわれている。

熊沢蕃山が江戸時代屈指の学者とされるゆえんである。

第二節　蕃山の思想形成の背景

このように多彩な才能をもつ蕃山であるが、今日では経世家としての評価が高い。彼が江戸期に初めて幕藩体制の矛盾を正しく指摘し、確かな政治哲学によって今日でも傾聴に値する政策を提言しているからである。

ここでは蕃山の前半生をたどりながら、経世家としての思想形成の背景について述べることにしたい。

武士としての強い使命感

熊沢蕃山、本名は伯継、字は了介。岡山藩政を退いた後は蕃山《しげやま》了介と称した。蕃山は、彼の知行地であった備前寺口村（現在の備前市蕃山《しげやま》）の名を蕃山村に改めて隠居の地としたことに由来している。

熊沢蕃山は、徳川幕藩体制の草創期である元和五（一六一九）年に京都で父野尻一利、母熊沢亀女の間に三男三女の長子として生まれた。五歳違いの弟に泉仲愛がおり、後に岡山藩の学校奉行を務めた。

父の一利は加藤嘉明などの戦国武将に仕えたが、のちに浪人の身となったため一家の生活は困窮したといわれている。蕃山は八歳のとき水戸藩に仕える祖父熊沢守久の養子に迎えられた。守久ははじめ柴田勝家に仕え、後に福島正則に仕えたが、正則が広島藩を改易されて川中島へ流された際に最後まで従った忠臣の一人で、当時は水戸頼房に三百石で召し抱えられていた。

蕃山の「武士のつとめ」という強い意識は、多感な八年間をともにした、この厳格で誇り高い祖父からの薫陶によるものとされる。

池田光政との千載一時の出会い

寛永十一（一六三四）年、十六歳となった蕃山は、当時京都所司代で遠縁にあたる板倉重宗の推薦によって岡山藩主池田光政に仕えることになった。

後年のことだが、重宗の甥である板倉重矩《しげのり》は蕃山のよき理解者となり、幕府の監視下で漂泊の身となった蕃山の処遇に奔走した。重宗の家系は備中松山藩を領し、その七代目にあたる板倉勝静《かつきよ》のもとで家老を務めたのが山田方谷である。蕃山の生涯は人びととの出会いが彩りを添えているが、板倉家との浅からぬ縁もそのひとつである。

池田氏による岡山藩（三十一万五千石）の領有は、関ヶ原の役後小早川氏の断絶を経て、慶長八（一六〇三）年に姫路藩主池田輝政の次子の忠継が幕府から備前一国を与えられたことに始まる。

輝政は忠継が幼少のため長子の利隆を岡山に入城させた。岡山藩の藩祖となる池田光政は、利隆の長子として慶長十四（一六〇九）年に岡山城で誕生した。光政は三歳のときに見参した徳川家康を「眼光のすさまじき、唯人ならず」と感嘆させるほどの非凡な素質を備えていたという。

その後、光政の所領は祖父輝政、父利隆の相次ぐ死や幕府の思惑などで姫路から鳥取へと移され、再び岡山に入城したのは寛永九（一六三二）年、光政二十四歳の時である。蕃山が仕官したのはその二年後のことである。

荻生徂徠の高弟である太宰春台は、岡山藩士の湯浅常山にあてた返書のなかで、両人の出会いを次のように評している。

夫れ烈公（光政公）は不世出の英主なり。熊沢子を得て任ずるに国政を以てす。名良の遇（出会い）、実に千載（千年）の一時なり。

出仕後の蕃山は、光政が「熊沢少年、予の傍らに侍して他児輩に異なる」と語るほど優れたものであった。彼自身も「武士の職分としての使命感から、美食、飲酒、男女の人道を断ち、ひたむきに身体の鍛錬と武芸の練磨にあけくれた」と若き日を回想しているが、その意志の固さと実行力は時として周囲から警戒されたようである。武人としての心身の練磨に打ち込んでいた蕃山が、学問の道を志したのは二十歳の頃といわれている。

寛永十五（一六三八）年二月、江戸に参勤していた光政は幕府から島原の乱への参戦を命じられた。光政に従っていた蕃山は、まだ元服前であることを理由に江戸に残された。先年に父一利が鍋島軍に従軍して負傷したこともあり、彼はひそかに岡山に帰って従軍を願い出た。しかし、三月に乱が終わったため光政は出陣に及ばなかった。

これを機会に、蕃山は岡山藩を去り祖母の家がある近江桐原（現在の滋賀県近江八幡市）に身を寄せた。その理由は今もはっきりしないが、後年の岡山藩での活躍ぶりから、光政の君恩に対して自らの文武の未熟を反省して職を辞したとする説が有力である。

中江藤樹からの感化

桐原の地で彼は極貧生活を送りながら、朱子学の経典解釈書である『四書集註《ししょしっちゅう》』を手にして勉学に打ち込んだ。しかし、向学心に燃える蕃山にとって独学での読解は満足できなかったのかもしれない。

こうして、師を求め京都周辺を歩くうちに、近江小川村（現在の滋賀県高島市）に住む中江藤樹との運命的な出会いが訪れるのである。寛永十八（一六四一）年、藤樹三十四歳、蕃山二十三歳の秋であった。

中江藤樹は日本陽明学の祖とされ、世俗の名利に背を向けた高潔な人格と熱烈な求道心から「近江聖人」と称えられている。

藤樹は近江の浪人の子として生まれ、後に伊予大洲藩士として仕えたが、自身の持病、母の扶養、藩内抗争などから二十七歳のとき脱藩した。小川村に帰ってからは、刀を売った資金で酒販売を営みながら在野の思想家として思索をかさね、わずか四十一歳で病死した。

中江藤樹肖像画（藤樹書院所蔵）

蕃山が師事した期間は八カ月にすぎなかったが、藤樹からは学問や思想の面で大きな感化を受けたといわれている。具体的には、

・武芸鍛錬による奉公だけではなく、学問に裏づけられた仁政《じんせい》こそが「武士のつとめ」とする士道観
・事にあたる際に心の主体的な判断力（致良知《ちりょうち》）によって臨機応変な対応を求める時所位論
・万物は天地造化の徳によって生成され、人はみな天地の子孫であるから元来身分の賤しい者はないという人間平等観

などである。

後に彼は藤樹の三人の息子を岡山藩に推挙す

る一方で、残された近江小川村の藤樹屋敷に三十年にわたって修復を加えた。そして、藤樹の三男である弥三郎が岡山藩を辞して帰郷する際には屋敷を引き渡すなど、終生師への学恩を忘れることがなかった。

蕃山は、光政がその圭角《けいかく》（角のある性格）を惜しむほどの激しい気性の持ち主であったといわれているが、これらのエピソードは彼の人情や信義に厚い人柄をしのばせている。

政策ブレーンの誕生

中江藤樹のもとを辞した蕃山は、家族を扶養するかたわらで学問の修養に努めていたが、餓死にも至りかねない極貧の生活はいかんともし難かったようである。

こうして再び岡山藩に仕えることになったのは、正保二（一六四五）年、蕃山が二十七歳の時である。

蕃山の復帰に対して、光政は日記で「先年家退き候えども、我らの存じ候は、他所へまかり出るべき者と存せず、一度は帰参つかまつるべき者と存じ候」と語り、いかに光政が蕃山の帰藩を待ち望んでいたかを知ることができる。

池田光政は、寛永九（一六三二）年の移封から逝去までの五十年にわたって藩政の基礎を固め、その治績から世評に名君とうたわれている。光政の大名としての特質は、専制君主的な権威性と儒教的な仁政思想であるが、この時期は蕃山の影響もあって中江藤樹を深く尊敬し、陽明学に傾倒したといわれている。

光政が藤樹の高弟である蕃山を側役に大抜擢し、他の師弟も数多く岡山藩に召し抱えたことから、岡山藩での陽明学の興隆は天下に聞こえることとなった。慶安四（一六五一）年に光政の参勤に従って江戸に出た蕃山のもとには、紀州藩主徳川頼宣をはじめ、「知恵伊豆」とよばれた老中の松平信綱、幕府重臣の久世弘之、板倉重矩らのように教えを請う者が少なくなかった。

「蕃山先生勉学処」の碑（滋賀県近江八幡市）

翌年、蕃山は弱冠三十二歳にして、知行三千石の番頭《ばんがしら》という破格の待遇を与えられた。将軍の政治顧問として活躍した新井白石の知行が千石止まりであったことを考えると、光政の蕃山への期待の大きさがわかる。

ここで当時の単位について解説しておこう。一石は米で約百五十キロに相当し、武士の給与の単位でもあった。金貨一両は銀貨五十～六十匁《もんめ》で交換された。江戸期には「米一石は一両」

が目安とされるが、物価変動から一両は現在の価値で五・五万円〜三十万円と大きな幅があった（『一目でわかる江戸時代』小学館）。抜擢された蕃山は、一両を十万円、実収入を石高の三割として年収九千万円の高給取りであった。

岡山藩校。昭和20年6月の空襲で岡山城とともに焼失した。
資料：閑谷学校資料館図録

それでは、再び出仕した蕃山は光政のブレーンとして、どのような業績を残したのであろうか。

まず、学校教育への貢献をあげることができる。かねてから儒教による仁政を徹底しようとしていた藩主光政は蕃山の献策を入れ、慶安四（一六五一）年に全国の藩校の先駆けとなる花畠教場《はなばたけきょうじょう》を開設した。これは、岡山市内を流れる旭川の中州にあった藩主別邸を教育の場としたもので、学則である「花園会約《はなぞのかいやく》」は蕃山が起草したものである。

花畠教場では「武士は民を育む守護であるから、守護の徳がなくては職分を果たすことはできない」という理念のもとで、藩士やその子弟たちは文武の修養に努めた。

蕃山の教化は庶民教育にも及んでいる。光政の命で藩内に手習所が開設されたのは、蕃山が引退して十年後のことであるが、その頃の学校行政は藤樹の門下で実弟の泉仲愛と蕃山から若き日に薫陶を受けた津田永忠が担っていたからである。備前市に現存する閑谷《しずたに》学校は手習所が集約されたもので、往時そのままの荘厳な姿から光政や蕃山たちの庶民教育への熱い思いが伝わってくるようだ。

もうひとつは飢餓・治水治山対策である。

承応三（一六五四）年、岡山藩は大洪水に見舞われた。家屋の崩壊・流失は三千七百軒にのぼり、それに続く飢饉の発生で餓死者が三千六百人を数えるという大災害である。この一大事に藩主の陣頭指揮のもとで、蕃山は身をもって被害民の救済と災害復旧に尽力した。

この時の主な対策は次のとおりである。

・藩庫を開放して一粒の米も残らず放出し、不足分は他国米を買い入れたり大坂蔵屋敷にある蔵米を取り戻す。

・非常事態に対応するため、蔵入・給知、行政・司法や年貢の免除の決定を藩主の直轄とする。このため郡代官を増員し、直接農民の声を聞き、農村の実情にふれるようにする。

・諫《いさめ》の箱を設けて、藩主・執権・諸奉行に対する率直な批判を無記名で求める。

・収納面で災害の打撃が大きい家中の士卒で、希望する者は在郷に引っ越して居住することを許す。

これらの立案に蕃山がどれほど関わったかは明らかではない。だが、農民への配慮、衆知を集めるための目安箱の設置、武士の帰農などは、彼が経世論の中で繰り返し述べているので、光政は蕃山の献策を積極的に取り入れたものと考えられる。

蕃山は大災害を教訓に、藩内で進められた多くの治水・治山事業にも関わっている。今も変わらず旭川の放水路として岡山の市街地を水害から守っている百間川《ひゃっけんがわ》の築造はその代表的なものである。

旭川（右）と百間川（左）の分岐点。2006年7月の旭川増水時。資料：国土交通省中国地方整備局岡山河川事務所

蕃山村への隠退

明暦三（一六五七）年、蕃山は光政に隠居を願い出で、養嗣子としていた光政の三男政倫《まさとも》（備中生坂《いくさか》藩主）に職禄を譲って備前蕃山村に

退いた。蕃山三十九歳の時である。

この突然の辞職について、彼は「狩りの際に落馬し、負傷したために武人としての務めができなくなった」と回想しているが、その真相ははっきりしないようである。

ただ、この時期の岡山藩を取り巻く環境は、容易ならない状況にあった。

藩内では大洪水時の対策を「農民を大切にするが、武士のことは構わないもの」として家中から不満が高まっていた。そして災害による財政逼迫に対して、蕃山が提案した藩重臣たちの家禄カットは猛反発を招いたという。理想主義的で妥協を許さない蕃山の態度に、譜代の家老たちは藩主光政に意見をしたため、一時はお家騒動も起きかねない状況にあった。

一方、キリシタンの取り締まりや浪人対策に頭を痛めていた幕府では、花畠教場での同志的な団結による修養を危険視していた。陽明学嫌いの大老酒井忠勝は光政に注意を促し、幕府顧問の林羅山は蕃山の名声への妬みから蕃山の学を「耶蘇《キリスト》の変法」であると言いがかりをつけた。

こうした事態に、これまで蕃山をかばってきた光政は、隠退の申し出を認めて藩内の不満や幕府の懸念を和らげ、蕃山を実子の後見人とすることで藩政に携わる道を残した、とするのが真相に近いとされている。

隠退した蕃山は、その後、京都への転居にはじまって下総の古河（現在の茨城県古河市）

で一生を終えるまで、各地での遍歴と軟禁生活を余儀なくされる。彼はその行く先々で常に人心を集めるというカリスマ性をもっていた。だから、幕府から監視と抑圧を受ける境遇にありながらも、晩年にいたるまで幕府重臣、諸侯、公家たちの中で師と仰ぐ人びとが絶えなかったのである。

第三節　蕃山が見た社会状況

蕃山が生きた江戸初期は、第二代将軍徳川秀忠から第五代将軍徳川綱吉のもとで、幕藩体制の基礎が固まりつつあった時代である。そして第八代将軍徳川吉宗の時代から深刻さを増す「武士の困窮化」が表面化したのもこの頃のことである。

幕藩体制を財政面から支えたのは石高制である。幕府や諸藩では兵農分離を進めて武士を城下町へ移住させる一方で、検地によって彼らの知行地の石高を確定させた。これによって今まで農民から年貢を直接徴収していた武士は、石高を基準にした俸給を米で受けとり、米を売却して受けとった貨幣で米以外の商品である諸色《しょしき》を購入するようになった。石高制は米経済と貨幣経済のバランスの上で成り立っていたのである。

したがって、大抵の藩では武士の知行地といっても実体があるわけではなく、現地での収穫・年貢徴収・訴訟といった管理は藩の官僚たちが代行するようになった。武士たちは、在地領主から幕府や藩という組織や城下町に多くを依存するサラリーマンとしての性格が強まっていった。つまり、石高制によって幕府や諸藩は、土地と生産活動を直接支配して権力の安定化を図ろうとしたのである。

しかし、この巧妙な仕組みは幕府開府後わずか五十年でやっかいな社会問題に直面することになるのである。

蕃山はこの困難な状況に勇気をもって立ち向かい、その背景に幕府支配の制度的な欠陥があることを最初に見抜いた学者であるといわれている。

彼は当時の社会状況について、主著のひとつである『集義和書《しゅうぎわしょ》』(『日本の名著』中央公論社)の中で次のように述べている。

第一に、大都市でも小都市でも川海の通路に便利な土地に都を建てると、驕奢《きょうしゃ》(ぜいたく)が日々に増して防ぎ止められない。

第二に、穀物で交易することが次第に少なくなり、金銀銭だけを用いるようになると諸物価が高値となるから天下の金銀が商人の手に渡り、武士の財用(財政)が不足する。

第三に、武士は禄米を金銀銭に替えて諸物を買うため、米穀が低値で諸物が高い時は財用が足らなくなる。さらに、礼式が適宜でなければ物入りが多くなるからますます困窮する。武士が困窮すれば、農民から取り上げることが倍にもなる。だから、農民は豊年には米穀が不足し凶年には飢寒に苦しむ。武士と農民が困窮すれば工商の者は仕事を減らし、ほんの一部の大商人だけが一層裕福になる。

以下では、蕃山の切り口に従ってもう少し当時の社会を概観することにしたい。

城下町の繁栄

わが国の人口十万人を超える都市の半数以上はかつての城下町であるが、その起源は戦国末期にさかのぼる。領主たちは家臣の集住と商工業の保護育成のため、居城を従来の山城から、より統治に適した平城へ移して市街地の整備を進めた。城下町の形態は、物資の流通に便利な湾岸や河川流域が選ばれ、戦乱に対応するため市街地を塁壁《るいへき》で囲む城郭都市が多かった。江戸期に入ると、大規模な土木工事によって上下水道の整備や土地造成が進められ、市街地は城郭の周囲へと拡大していった。

備後福山藩（広島県福山市）における城下町形成はその典型的な事例である。備後十万石の城下町としての起源は、福島正則の改易後の元和五（一六一九）年に、徳川家康の甥である水野勝成が備後に入国し、山陽道と瀬戸内海航路の要衝である福山を城地に定めたことに始まる。

幕府は、備後を東の岡山藩や西の広島藩・山口藩に備えた西国監視の拠点とするため勝成に対して早期の築城を命じた。彼は幕府から京都伏見城の本丸御殿や伏見櫓などの提供を受けて壮麗な城郭を築くとともに、芦田川河口の福山湾の干拓に着手した。

この頃の芦田川は、ＪＲ福山駅あたりから東南に向かって海に出るのが本流であった。工法は勝成は本流を現在の川筋である市中心部の西側へ移してその跡地の干拓を行った。工法は土を運び込む埋立てではなく、堤防による造成であったため、台風や高潮による堤防決壊でたびたび大きな被害を受けた。

福山の地は瀬戸内海をのぞむデルタ地帯で、井戸水は塩分混じりで飲料水に適さなかったため、城の北側に溜池を作って各戸へ上水道を敷設した。これは徳川期では江戸の神田上水に次いで早いものとされる。

これらの土木工事を支えたのは、戦国末期に格段に進歩した築城・治水技術であるが、現存する石垣などをみると当時の技術水準の高さに改めて驚かされる。

かつて茫々とした芦原の地は元禄期に人口一万五千人の城下町に生まれ変わった。江戸・大坂・京都は別格としても、同じ時期に大藩の城下町である広島が三万六千人、岡山が二万八千人であったというから、福山城下への人口集中がいかに大きかったかがわかる。

商品貨幣経済の浸透

このように、全国規模で都市への人口や諸機能の集積が進むと、そこで暮らす人びとの生活がより多様化し、贅沢になりやすくなるのは昔も今も変わることはない。武士たちは、使用人へ給金、冠婚葬祭等の交際費、衣服代、遊興代など飯米を除いた都市生活に必要な経費はすべて貨幣で支払わなくてはならない。

幕府の大名統制策の一環であった参勤交代と天下普請も藩財政の大きな負担となった。福山藩クラスの藩では、参勤交代を含む江戸在府の費用だけで、年間収入の三割から四割もかかったという。これに大土木工事の支出が加わるから、藩財政のやり繰りには相当な苦労があったのである。

戦国の世のように武力によって領土拡大が望めなくなった大名は、米の増産や特産品のために農地を開発して自主財源を確保しようとした。全国の石高は一五九八年の千八百五十万石から一六四五年には二千四百五十五万石へと増加した。江戸全期の増産分が千三百万石といわれているので、この五十年間で増加分の実に半分を占めている。

福山藩での干拓は、寛永期後も引き続き進められ、福山湾の西隣りの松永湾沿岸部へと拡大された。ここでは綿作や製塩がさかんに行われ、畳表と並ぶ福山藩の特産品となった。また、どの藩でも地産地消が原則であった米は、この時期になると江戸や大坂の米市場へ出荷していかに高く売るかという商品作物としての性格が強まっていった。

こうしたなかで、幕府や諸藩では農地の開発に要する莫大な資金を江戸や大坂の商人に依存するようになった。農村では商人が農民へ資金を貸し付けて、その土地に適した高値で売れる農産物を生産させ、その売買で資金を回収した。商人たちは作付けから集荷・輸送・売買・決済を全国規模で行う商品経済のサイクルを形成していった。彼ら新興商人の代表が三井高利を創業者とする三井家である。

武力を背景に社会全般の支配者であった武士たちは、次第に経済の主導権を大商人たちに奪われていったのである。

米価の激しい変動

では、商品貨幣経済の急速な進展は、人びとの暮らしにどのような影響を及ぼしたのであろうか。

次図は江戸初期から約百年間の米価格の推移を表したものである。これをみると、米価は、期間の前半は緩やかに上昇しているが、後半は元禄期の急上昇を除けば、上昇トレンドが一服して、一石当たり銀六十匁を中心に大きく変動していることがわかる。

米の価格は短期的には天候や気温に大きく左右されるが、特に江戸時代は気象的に小氷期にあたるとされ天候不順による災害が多かった。十七世紀後半も全国規模で冷害や水害による飢饉が発生するたびに、米相場が短期間に急上昇と急降下を繰り返している。だが、この時代の飢饉の発生には人為的な要因があることも見逃すことはできない。

一般に、今年収穫した米は翌年の収穫時期までにほぼ消費してしまう。したがって、米

【図】江戸初期の米価の推移〔1石（150キロ）当たり〕

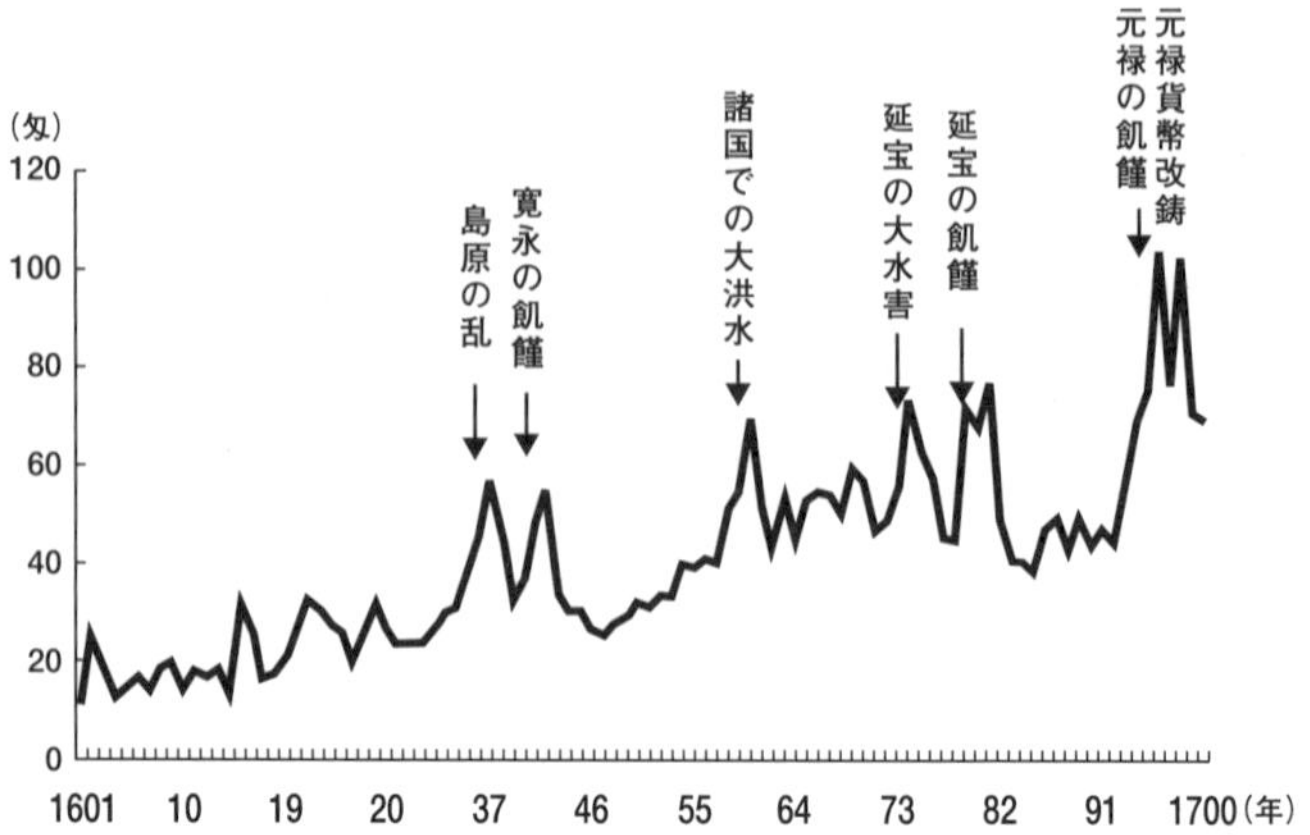

注：米価は京都、大坂および広島の値。
（資料）日本史総覧（新人物往来社）、江戸時代年表（小学館）

の値段は収穫後の米がだぶつく晩秋が一番安く、その後高値となり、端境である次の収穫期の直前が一番高くなった。

　こうなると、より早く米を出荷することが大変有利となるため、農民は早稲《わせ》・中稲《なかて》と呼ばれる早生の米作りに力を注ぐことになる。だが、それらの品種は冷害や病害虫に弱いため、米の減収を加速させることが多かった。また、各地での過剰な農地開発は、山や川を荒廃させたため、大雨の時には全国のいたるところで洪水を引き起こした。

　このように米価が短い期間に大きく変動すると、年貢米を換金して貨幣収入を得るという武士の生活は非常に不安定なものになる。しかも消費が多様化する都市生活では、一時的に収入が減ったからといって、すぐに支出を切り詰めることはできないから武士たちの家計は苦しくなる。武士が困窮すれば年貢率を引き上げられるので農民の生活も困窮することになる。

米価安・諸色高の定着

米価が変動しても、米の価格と米以外の商品である諸色の価格が相対的に安定していればさほど問題はない。しかし、米価が諸色の価格に比べて下落する「米価安・諸色高」が定着すると、たちまち藩の財政と武士の家計を直撃することになる。蕃山が指摘する「生活の驕奢」「天下の金銭が商人に渡り、武士の財用が不足する」という事態である。

米価の変動が短期的な問題とすれば、これは構造的な問題である。米を含めた商品の価格は主に市場で決定されるようになる。だが、米は生産力の増強で価格が軟化しやすいのに対し、特産品や手工品などは都市や農村で急増する需要に供給が追いつかない状況が続いたので、米の価格は相対的な低下を招きやすくなる。

例えば、農村で作物の商品化が進むと、農民たちは一層の収穫増を目指して農具や肥料などの支出を増やすことになる。当時、農民は人口の約八割を占めていたから、農村での商品への需要拡大は全国的な物価動向に大きな影響を及ぼしたのである。

第四節　『大学或問』の政策理念

『大学或問《だいがくわくもん》』は蕃山が晩年に幕府筋へ提出した政策論である。その率直な幕政批判から古河幽閉の一因となったといわれ、十八世紀末の寛政期に出版された際には幕府から発禁処分を受けている。

書名の由来は儒教経典の『大学』にもとづく政策問答という意味である。蕃山はこの中で経済・財政、土木、教育、国防、宗教など多岐にわたって政策を論じているが、それらは幕藩体制への危機意識を色濃く反映している。

すなわち、「武士は都市への集住による奢侈から経済的に破綻し、農民も重い年貢に喘《あえ》いでいる。武士や農民が困窮すれば職人や商人が困窮し、世の中全体が困窮する。こうした時に諸国で大飢饉が発生し、北狄《ほくてき》の清が来襲すれば、財政が破綻した幕府や諸大名は対応できず再び乱世になる」と。

彼は巻頭で次のように述べている（以下の引用資料は日本思想大系『熊澤蕃山』岩波書店を口語訳したもの）。

（今から論じる政策は）和漢・古今を問わず通用するというものではない。今を救う活法（実地に役立つ方法）である。
実践する能力のある人がその位にあって、はじめて実施すべきものである。一国の政権を担う幕府の責務と政策の実効性を重んじた蕃山の心意気が伝わってくる言葉である。

以下では、蕃山の没後も革命の書として密かに読み継がれた『大学或問』をもとに彼の政策理念を明らかにすることにする。

蕃山は『大学或問』の中で自らの政策理念を「仁政を天下に施すことである」としている。

君主の天職とは人民の父母としての慈しみの心をもって政《まつりごと》を行うことである。一国の君主には一国の父母としての天命がある。

（中略）

仁政を施すということは人を得るということである。賢者を取り立て、道徳と学識を兼備した者に国政を執らせ、本才がある者に業務を命じれば君主の仁心が広くなって仁政が行われる。

仁政とは古代中国の先王である堯《ぎょう》・舜《しゅん》・禹《う》の統治に由来するもので、孔子や孟子も重視し、江戸期に輩出した名君やそのブレーンである儒者に共通した政治哲学である。しかし、現実の政治と仁政との両立はなかなか困難で、むしろ強権で望めば即効性があるため仁政は机上の空論に陥りやすかった。
だから蕃山は、仁政の実践は武士の天職（尽さねばならない務め）であるとし、特に将軍や藩主は高い道徳性をもち、人格と学識を兼ね備えた賢者を高官として登用することを強く求めたのである。そして、高位・高禄の家臣からだけでは才能ある人材は得がたいので、家禄を世襲ではなく一代限りとして身分を問わず在野から広く登用する。登用された臣下は損得を考えず率直に意見を述べ、君主は世の中の良い意見や誹謗にも耳を傾けるべきであると説いている。

蕃山の理念をみると、その多くを中国の古典や諸制度に範をとっているが、岡山藩とは縁もゆかりもない浪人の子が門閥家老たちと対立しながら藩政改革に取り組み、辞職時には家禄の世襲を潔しとしなかったという彼の処世感をよく物語っている。

その上で、蕃山は仁政の実現には経済的な裏づけが不可欠であるとして、幕府に対して「富有大業《ふゆうたいぎょう》」を強く迫るのである。

仁政を天下に施そうとしても、富有でなければ実現できない。この頃は無告の者が多い。無告とは誰かを頼ったり、どこかに身を寄せるあてがなく、どうしても父母・妻子と一生を送ることができない者である。仁君の政治とは、まずこの無告の者をお救いになることである。今や無告で深刻なのは浪人である。度重なる飢饉で餓死する浪人の数は知れない。

豊作となっても米価が下落して家計が完全に行き詰まれば何の恩恵もない。毎年人知れず餓死する者が多い。これは大小の大名とも財政難だから藩士を失職させ、知行や禄米の一部を借り上げるため、藩士の家来たちも職を失うからである。

（中略）

政とは富有を成すことである。世間一般の富有は自分が利益を得れば他人は損をし、自分が喜べば他人は恨む。藩主が富めば藩全体が恨み、将軍が富めば世の中全体が恨む。これは小富有であるからだ。大富有であれば、藩主が富めば藩全体が悦び、将軍が富めば世の中全体が悦ぶ。

蕃山は、農民への重税や大名の改易、家臣のリストラなどの強権を頼む無能な為政者たちを厳しく批判している。その一方で、農民・職人・商人も消費や生産の担い手としてとらえ、無告浪人などの弱者へも深い同情を寄せている。彼が理想としたのは、為政者が自らの財政を改善し、その恩恵を広く社会に還元することによって、すべての人びとが貧しくとも必要なものが手に入る安定した社会である。

彼の思想は幕藩体制を否定するものではないが、中江藤樹から学んだ「人は皆天地の子孫」という、ある種の人間平等観にもとづいた理想主義であったため、厳格な身分制を重んじる幕府から危険視された。

第五節　蕃山が提案した方策

蕃山は「富有大業」のためにさまざまな方策を提案しているが、以下では、その主要な論点である経済、財政、治山治水および教育を取り上げ、それらの今日的な意義について考えてみたい。

米遣経済への回帰

蕃山の経済論は、「民のための宝は五穀である」（『集義外書《しゅうぎがいしょ》』）と述べているように、あくまで農業が基本である。その中で彼は米と諸色の価格や貨幣の役割などについて論じているが、実務的な体験と冷静な観察力にもとづいた内容は当時の社会を知るうえで興味深い。

農民は近年の豊作によって借金が増えてひどく生活が行き詰まっている。米一石が七、八十匁の時に借りた銀を三、四十匁で売って返せば元金は倍になる。それに利息を加えれば元金は倍以上になる。豊作でも二倍の米は収穫できない。

先年は近江で肥料の鰯を買う際に米二荷で鰯二荷を手に入れた。近年では米二荷につき鰯一荷である。米価が下落したからである。万事がこのようであるから他は推して知るべしである。

（中略）

今は金銀銭が通用するため、米を売らなければ何もできない。大坂や江戸の港では米売りが多いが買う者が少ないため米価は下落して諸国の人びとは困窮している。

蕃山は、武士や農民の窮状の原因が商品貨幣経済の浸透にあることを正しく見抜いていた。ではどうするか。

米の値段を銭のように定めて、京都・大坂・江戸・諸国では種々の品物を米で売り買いし、呉服所をはじめると材料を米で支払い、職人へも米で支払い、種々の物は米で購入する。東国の衆が京都の物品を購入する時は米為替を利用できる。たまには不便なこともあるが、その時々で解決することは容易である。

米を売らなくても物に不自由しないようにし、先に挙げた無駄となっている米を徴収して諸国に備蓄すれば、飢饉の時に飢える者はなく北方満州族が来襲しても兵糧に欠くことはないであろう。

蕃山は米と金銀との交換比率を定めて、米を貨幣として流通させることを提案している。米の価格を貨幣の価値と連動させることで、米と諸色の相対価格を安定化させようとしたのである。かつて米の価格は武士主導で決められていたが、元禄の頃になると諸国の米が大量に集まる大坂・堂島の米相場の方が有力となったため、米を貨幣化するということは米相場の主導権を商人から取り戻すということでもあった。

生産面では、酒・菓子・煙草などの奢侈品に費やされている資源を米の増産にふり向けて籾《もみ》による備蓄（米は精米して納入していたため、虫がついて無駄になることが多かった）を進める。そうすれば、むやみな農地開発や年貢率の引き上げが不要となり、災害時や北狄侵攻への備えも可能になるとしている。

蕃山は、わが国で初めて貨幣と生産の関係を論じた学者といわれているが、それはあくまで領内での自給自足による米遣《こめつかい》経済への回帰を目指したものである。

しかし、武士の暮らしが都市と商業によって支えられている当時にあって、彼の考え方は既に時代錯誤であったにちがいない。もし米を強制的に貨幣化すれば、諸色の生産が激減して品不足を引き起こすであろうし、また物々交換によって流通機能も大きく低下するため、武士の都市生活はたちどころに破綻するからである。

参勤交代制の緩和と武士の帰農

貨幣や産業を論じた蕃山は、次に幕府の支配制度の見直しに踏み込んでいく。まずは参勤交代制の緩和である。

周知のように、参勤交代制とは大名に一年ごとの江戸出仕と妻子の江戸常住を義務づけて、藩の経済力の抑制と幕府への忠誠心の高揚を意図したものといわれ、寛永十二（一六三五）年に武家諸法度によって制定された。

蕃山は鎌倉時代を例に引いて、参勤交代制の緩和は幕府にとってリスクはないから諸藩の莫大な貨幣支出の軽減は仁政にほかならないと考えたのである。蕃山の主張は、寛政期に老中松平定信からの諮問にこたえた大坂の儒者・中井竹山にも受け継がれている。しかし、幕府首脳にすれば、参勤交代制の緩和は幕府権力の中枢に関わることであり、しかも実行すれば藩財政は改善するが首都江戸の疲弊は明らかであるから、蕃山や竹山らの提案を容易に受け入れることはできなかった。

この問題の解決は、藩財政の改善と国防に対処するため、幕府顧問の横井小楠が文久二（一八六二）年に献策した「大名は三年に一度の出府、滞在期間は百日」の実施まで待たなければならなかった。

熊沢蕃山の旧居跡（岡山県備前市蕃山）

もうひとつは武士の帰農による農兵制の導入である。蕃山が農兵制で目指したのは、武士が帰農すれば農民の年貢率が軽減され、武士も経済的に自立し、武人としての誇りを取り戻すということである。天下泰平の世の中となり、本来は職業軍人であるはずの武士たちは城下町での無為な消費生活にあけくれ、モラールの低下や農民への負担増を招いていた。藩主池田光政は家臣たちの生活ぶりをみて「渦中の体は道をはなれ、家職を怠って遊山気随《ゆうざんきずい》（気ままに遊び暮らすこと）のみに溺れ」と嘆息するほどであった。

蕃山の帰農論は岡山藩時代に自ら家臣を率いて農兵制を試みて成功したこともあり、荻生徂徠や太宰春台らの経世論にも大きな影響を与えた。ただ具体的な手段となると、時所位を踏まえて幕府が法制化することに期待することにとどまっている。おそらく彼自身も武士の帰農には相当な困難が伴うことを強く感じていたのであろう。

とはいえ、蕃山の主張がどんなに復古的であったとしても、後に幕府が取り組んだ質素倹約や米価安定などの経済改革の多くは、彼が提起した制度改革に手をつけない限り十分な効果をあげることはできなかったのである。

仁政にもとづく治山治水事業

農業を仁政の基本におく蕃山は「山川は国の本なり」として、その生産に深く関わる治山治水の分野で経世家としての本領を大いに発揮している。彼は、治山と治水は不可分なものと考え、そのあるべき姿を次のように述べている。

山々に杉・檜や雑木が多いときには夏に神気が活発になって夕立がたびたび起こるから、ため池がなくても日照りの被害はなくなる。山が茂って山谷から砂が出なければ川は土砂が徐々に海に流れ落ちて川底が深くなるから洪水の心配はなくなるであろう。

蕃山が理想とするのは、木々が茂って山林から水蒸気があがって雲が湧き、雨に潤されて作物が成育し、それによって人間生活が可能となる空間の維持である。仁政の成果である大量の余剰米を活かした山林の伐採に頼らない社会である。

しかし、蕃山が目にしたのは、理想とは大きくかけ離れた山林や河川の無残な姿であった。

生活に困窮する民衆は山林で盗伐を繰り返し、戦国の戦乱後の経済復興によって燃料や建築材として木材が大量に伐採されて山林や沢は荒れ、保全力が弱まった山から土砂が落ちて川床が浅くなっていたのである。

そこで、蕃山は恒久的な治山治水対策として植林の推進と木材需要の抑制を提案する。それは、子孫の代まで恩恵を施すためという彼の思いを反映したもので、進め方は実に念入りで着実なものである。

木材需要の抑制策についても実務家らしく社会状況をよく踏まえ、利害にかかわる人びとへの目配せも忘れていない。
・藩の出費を抑えれば、山林にかかる雑税を軽減や撤廃して草木の伐採を減らことが可能となる。
・重複した廟がある神社・仏閣は取り壊し、その部材で残った寺社や武家屋敷の修理を行えば、新築に比べて三倍から五倍も長持ちすることが多い。
・廃業する木こりには余剰米を支給し、寺社の整理・統合は僧侶が困るから急に行うべきではない。
また、蕃山は洪水や干魃に備えた用排水路（水除け）やため池の整備といった当面の対策の必要性も説いている。そして時所位を重んじる彼は、「周辺の地理や地形などへの配慮がなく、しかも当面の利を追う町人任せであるため役に立たないものが多いのは仁政の欠如である」として、幕府や諸藩などが行う治水事業を厳しく批判している。

では、蕃山が目指す事業とはどのようなものであろうか。

彼は、堤防工事は水没地の水抜きや洪水に備えることに限るべきであると主張している。その頃の工事では、福山藩でもそうであったように資金を地元の地理に疎い大商人に依存したため、強引な川筋の変更を伴うものが多かった。蕃山は大雨によって手抜き工事の堤防が決壊し、数千人の農民が肥えた田畑を失って流浪の果てに飢饉で餓死するさまをみて、「これは人柱ではないか」と痛憤している。

彼が主張する工法は地元の古老の助言や自ら陣頭指揮した体験をもとにした現場主義で、治水の第一人者としての面目が躍如としている。

・ため池の堤防は自然の山のように土を硬くするため、まず谷が深く水が溜まるところを真土に達するまで砂を除いて深く掘る「底入れ」を行う。

・ならした土の上で土を運ぶ時は、東にある土は西に運び、西にある土は東に運ばせれば人役は二倍必要だが堤防は自然の山のように強固になる。

・使役人は世間一般に三万人が必要である時は九万人を雇い、重労働をさせてはならない。給与は最低一人当たり一日米一升五合、労働時間は朝八時から午後四時までで、その間に二時間の休憩を与えなければならない。

ところで、幕府も各地で頻発する大洪水に手をこまねいたわけではなかった。寛文六（一六六六）年には『諸国山川掟《しょこくさんせんおきて》』を定め、土砂流出防止のために植林を奨励し川筋の新田開発や焼畑を禁じている。この法令は、開発至上主義から既存の田畑を管理・耕作することで収穫を増やそうとする、昭和三十年代頃まで続いたわが国の農業政策であった本田畑中心主義への転換という点で画期をなすとされている（大石慎三郎『江戸時代』中公新書）。

　ここで注目されるのは、発布時の老中の一人である久世弘之が蕃山の熱心な信奉者であったということである。蕃山の思想は『諸国山川掟』を経て以降約三百年にわたってわが国の農政に生き続けたといえるかもしれない。

日本の中興を見すえた学校教育

熊沢蕃山夫妻の墓所。左が蕃山の墓碑である。(古河市・鮭延寺《けいえんじ》)

「後世に備前藩の学校の建て方を手本とする人があるだろう」と、岡山藩時代に手がけた教育事業の成果を自負していた蕃山は、幕府に対して国家レベルでの教育制度のあり方を提案している。

蕃山は為政者として最高の位にある徳川将軍の「徳の感化」、すなわち儒教が最も重んじる仁義(慈愛と道理)の実践を求める。その上で、彼は「学校では文武を兼ねて習わせる」とし、その意義を「文武には徳と芸があり、徳は苗の生意、芸は耕作にたとえられる。苗と耕作の相互作用によって徳の果実が生長養育される」(『花園会約』)と述べている。ここでの「芸」とは、孔子の学校で重んじられた礼(儀礼)・

楽（音楽）・射（弓術）・御（馬術）・書（読み書き）・数（算数）の六つの科目である。蕃山の教育法は、時勢や人情を重んじる彼らしく、教えられる側と教える側の双方に細やかな配慮が行き届いたものである。

・武士の子供を八、九歳から入学させてその子が上達しやすいことから習わし、手習いは一日に一字ずつ習わす。

・十一、十二歳から経典・注釈書を読ませる。一日一句ずつ教えるのがよい。「大学の道は、明徳を明らかにすることにあり、民を親しむるにあり、至善に止まるにあり」。この一章を四日間で教える。読むのに苦労がなく、もう少し多く読みたいと思うくらいに教える。

・十四、十五歳からは弓と乗馬を教える。弓は篠竹の柔らかいものから射させ、乗馬は木馬から始めて乗り降り・鞍定め・手綱さばき・手綱引きなどを十分に教えた後、穏やかな馬に綱を付け、馬を並足で歩かせて子供を馬から落とさないように立ったまま教えなければならない。

・十五、十六歳からは時々講堂に出て、これまで読んだ書の道理や解釈を聞くのがよい。二十歳前後からは自分で書を読んで意味がわからない箇所に付箋をして教師に問うのがよい。先に学んでいる子やあとから学びだした子に文字や読み方を教えるのがよい。順送りにすれば教えることでわが学問の不足に気付かされ、教と学がお互いに助長するから教師も楽になる。
・学んだ子供はやがて人の親となれば老いて教えるのがよい。幼年期にはよく年長者に従うことを学び、壮年期にはそれを実行し、老後にこれを教えれば五十年の間に君子の国になるであろう。これこそが日本を中興することではないか。

現代社会へのメッセージ

『大学或問』を読み解くことで後世の人びとを魅了した蕃山の経世論を概観してきた。では、現代の視点に立つとき、蕃山の思想は今を生きる私たちにどのような示唆を与えているのであろうか。

そのひとつは、地方経営においては「グローバルに考え、ローカルに行動する」ということである。

蕃山は経世済民の政策理念として、当時は世界標準とみなされていた中国の政治哲学のひとつである「仁政」をかかげている。そして幕府や諸藩での政策では、時代や時勢、地理・風土、関与する人の地位・立場によって臨機応変に対処することを繰り返し主張している。

戦後、わが国の地方行政は、経済成長と効率性を重視した中央主導の政策が主体であったため、「三割自治」「金太郎飴」と揶揄されてきた。そして今日、企業活動のグローバル化や少子高齢化が進展するなかで、財政再建、産業振興、環境保全など地方が共通に抱える構造的な問題解決に向けて、道州制など新たな地方自治のあり方が模索されている。

これらの課題に対応するには、まず国情や地方のニーズに合った政策理念を構築するため、広く衆知を集めることが不可欠である。そして地方では、政策立案やその意思決定などを適切に行うためのマネジメント能力がますます重要になるであろう。

例えば、環境保全には食料自給をどう考えるかという国家的な理念と農林業の再生という地域政策の整合性などが不可欠であるが、経済性や効率性を追い求めるだけの価値観や縦割行政では新たな展望は開けないであろう。

これからは、一地方から全国はもとより世界各国で受け入れられるような普遍的な政策を情報発信するという気構えが必要である。

二つめは、大自然の循環と人間の営みとの一体性に思いを致すことである。

蕃山は治山論の中で、森林がもつ降雨機能を信じている。森林破壊が世界的な異常気象や国土の砂漠化をもたらすことが明らかとなった今日において、彼の主張を「陳腐な中国思想の焼き直しである」と看過するわけにはいかない。蕃山は人間の私利私欲によってもたらされる自然破壊がいかに人びとの生活を脅かすかを、はるか三百年前に警告している。

また、蕃山は公共事業や教育行政において長期的な効果を重視している。これは過去の先人たちと生まれくる子孫たちに思いを馳せることで、利己心や奢侈におぼれがちな当世の人びとに対して、自然や人間の営みへの畏れや謙虚さを促そうとしたのであろう。

それにしても、昨今の恒久的な施設や食品での偽装問題が相次ぐ状況に、蕃山は果たしてどのような感想をもつであろうか。

三つめは、組織人たるものは使命感と自立心をもって業務にあたるということである。

蕃山が唱えた武士の帰農論は、確かに時代錯誤であったかもしれない。だが、帰農を「精神的な帰農」ととらえれば、現代の組織人のあり方として参考になるのではなかろうか。組織の理念と自己実現の一致を目指し、人知れず知見と実務能力を磨き、組織から若干の距離をおきながら、大局観をもって自らの信じることを提言し実践する。このような人材から、首長や企業トップを補佐するにあたいするブレーンが誕生するのである。

中国の古典によると「偽私放奢《ぎしほうしゃ》」は国における四つの患としている。「偽」は虚偽、「私」は私利私欲、「放」は放埓《ほうらつ》、「奢」は奢《おご》りで、この中のひとつが目立っても国は傾き、四つとも目立つようになると国は滅びるとされている。

蕃山の経世論は、まさにこの四患への処方箋なのである。

【主な参考文献】

・後藤陽一＝友枝龍太郎『日本思想大系　熊沢蕃山』（岩波書店、一九七一年）
・宮崎道生『熊沢蕃山』（新人物往来社、一九九五年）
・伊東多三郎『日本の名著　中江藤樹　熊沢蕃山』（中央公論社、一九七六年）
・大石慎三郎『江戸時代』（中央公論社、一九七七年）
・福山市史編纂会『福山市史』（国書刊行会、一九八三年）
・（財）特別史跡旧閑谷学校顕彰保存会『閑谷学校ゆかりの人々』（山陽新聞社、二〇〇三年）
・中山富弘『近世の経済発展と地方社会』（清文堂、二〇〇五年）
・吉田俊純『熊沢蕃山』（吉川弘文館、二〇〇五年）
・中野三敏『江戸名物評判記案内』（岩波書店、一九九三年）
・大橋健二『反近代の精神　熊沢蕃山』（勉誠出版、二〇〇二年）
・谷口澄夫『池田光政』（吉川弘文館、一九九四年）
・源了圓『徳川思想小史』（中央公論社、一九九三年）
・藤井隆至『日本史小百科　近代経済思想』（東京堂出版、一九九八年）
・テッサ・モーリス鈴木『日本の経済思想』（岩波書店、二〇〇〇年）
・鈴木浩三『江戸の経済システム』（日本経済新聞社、一九九五年）
・谷川澄夫＝宮崎道生『蕃山全集　第七巻』（名著出版、一九八〇年）
・安岡正篤『人生と陽明学』（学陽書房、二〇〇一年）
・童門冬二『小説中江藤樹』（学陽書房、二〇〇一年）
・桑子敏雄『環境の哲学』（講談社、二〇〇〇年）
・速水融他『日本経済史1』（岩波書店、一九八八年）
・竹内誠＝市川寛明『一目でわかる江戸時代』（小学館、二〇〇七年）

［執筆者プロフィール］

増矢　学（ますや・まなぶ）
一九五八（昭和三三）年生まれ。広島県出身。
中国電力株式会社エネルギア総合研究所

［コラム③］「蕃山」の名が残る岡山の地

岡山には少なくとも熊沢蕃山ゆかりの地名が二つ残されている。備前市蕃山《しげやま》と岡山市蕃山町《ばんざんちょう》である。

備前市東部に位置する蕃山の地は、彼が岡山藩を隠退したときに正楽寺《しょうらくじ》の門前であった知行地の寺口村を蕃山村に改めことに由来するとされている。

この地に立つと、お寺に続く道沿いの集落や時おり疾走する新幹線のほかは、周辺の濃いみどりが蕃《しげ》る山々や巨木に覆われた堂塔の静寂さから、蕃山の時代もさぞかしと思わせるような雰囲気がただよってくる。

正楽寺は天平時代に開山された真言宗の古刹で、江戸時代の初めに大火で荒廃したが、その後蕃山の子孫たちの手で岡山藩の祈祷所として中興され、今も重厚なたたずまいをみせている。

蕃山の旧居跡は正楽寺の西隣にある。そこに立つ石碑は一八一八（文政元）年に彼を私淑する岡山藩士たちの手で建てられたものだ。そして新幹線の高架を隔てた北側には、明治の初め閑谷学校を再興するために備前を訪れた山田方谷が蕃山をしのんで建てた休憩所の跡がある。

諸国を遍歴し茨城県の古河で一生を終えた蕃山にとって、両親と一族が眠り、彼を敬慕する人びとの思いが込められたこの地こそ「ふるさと」と呼ぶにふさわしい。

一方、岡山市蕃山町は多くの行政施設や金融機関が建ち並ぶ市街中心地で、その地名は一九七〇（昭和四十五）年に蕃山の事績を顕彰して正式に命名されたものである。かつてこの地は岡山城下の一画をしめ、蕃山の屋敷や藩学校があった。

岡山藩学校は、狭隘化した花畠教場にかわり、一六六九（寛文九）年に池田光政の命によって津田永忠、泉仲愛らが造営したものである。この頃明石に移っていた蕃山は光政に招かれて開校式の儀式を取りきるという栄誉を与えられた。だが、君臣水魚といわれた両者の主従関係は藩政の路線対立などから、その後急速に悪化していくことになる。

旧藩学校の講堂や校門は明治以降も大切に保存されていたが、一九四五（昭和二十）年六月の空襲で岡山城とともに惜しくも焼失した。今はひっそりと泮池《はんち》（儒式の学校の前庭に設置された池）の遺構を残すのみである。

［コラム④］米子に息づく藤樹先生の教え

霊峰大山を望む鳥取県米子市は、「近江聖人」と称えられ、経世家・熊沢蕃山の師として有名な中江藤樹が幼年期を過ごした地である。彼の学問の素養はこの時に築かれたといわれている。

駅前通りと国道九号が交差する中国電力米子営業所の真向かいにあたる加茂町の一画は、旧就将《しゅうしょう》小学校の跡地で、約四百年前に藤樹が暮らした屋敷があった場所である。現在そこには『中江藤樹先生成長之地』と刻まれた石碑が建てられている。

藤樹が米子で過ごしたのは一六一五（元和元）年九歳からの二年間にすぎないが、今日まで彼が米子の市民から尊崇を受けているのはなぜなのであろうか。

ひとつには、米子人の気質が藤樹の学風や学者としての生き様によくマッチしていると語られることが多い。

米子市の起源は、十六世紀末の吉川広家の築城に始まる。その後、中村氏、加藤氏を経て、一六三二（寛永九）年から池田氏が鳥取藩（因幡《いなば》・伯耆《ほうき》）を領有するが、その時に米子の地は家老の荒尾氏に統治を任されることになった。この鳥取藩独特の支配方法は「自分手政治《じぶんてせいじ》」といわれ、一八六九（明治二）年まで実に二百四十年間も続いた。今も米子市民が自負する庶民性や進取性、反骨の精神などは、この藩庁からの分権統治によって培われたとされている。

一方、中江藤樹といえば、後に藩主加藤貞泰の国替えに従って祖父とともに大洲（愛媛県大洲市）へ移り、二十七歳の時に脱藩して小川村（滋賀県高島市）に帰郷した。ここで彼は、学者として名声が高まっても多くの仕官の申し出を断り、また幕府お抱えの儒者たちを「口先ばかりである」と痛烈に批判するなど、生涯を在野の思想家として生きたのである。

もうひとつは、米子市民による大正から昭和初期にかけての顕彰活動であり、その舞台となったのが二〇〇九（平成二十一）年に創立百周年を迎える就将小学校である。「就将」は、中国古典の『日《ひび》に就《な》り、月《つきづき》に将《すす》む』に由来している。その意味する「日進月歩の努力と進取の気質」は米子商人の心意気をよくあらわしている。

米子市の旧就将小学校跡に建立されている
中江藤樹の石碑

当時の崎田茂信校長は、同校の敷地が藤樹邸跡であることを知るや、校内に記念碑を建立し、新たな教育方針に藤樹の教えを取り入れることを決意された。こうして、『致良知』

すなわち「人は生まれながらに美しい心を持っており、修養に努めれば誰でも立派な人になれる」という考え方が、今日の就将小学校での実践的な徳育に受け継がれることになったのである。

現在の校舎は愛宕町に移転しているが、今も正面玄関には藤樹先生の肖像画と『致良知』が掲げられている。児童たちの自主的な委員会も「藤樹会」と名づけられ、また、中江藤樹ゆかりの高島市や大洲市の小学校との交流事業などのユニークな活動でも有名だ。

地元の偉大な先人たちが残した気風や思いを次の世代を担う子供たちへ伝えようとする就将小学校の取り組みは、今後の学校教育のひとつのヒントになるのではなかろうか。

村田清風

維新の礎を築く村田清風

嶋津　隆文

村田清風記念館提供

PROFILE

長州藩の行財政改革に辣腕をふるい、越荷方《こしにがた》事業の拡充や殖産興業に努めた。人材育成にも力を入れ、藩校明倫館を再建するとともに、晩年は私塾三隅山荘を開いた。その改革は幕末長州藩が主軸となる回天維新の礎となった。

第一節　村田清風という人物

清風の歩んだ生涯

村田清風は天明三（一七八三）年の四月二十六日、萩藩士村田光賢の長男として長州は三隅《みすみ》村（現在の長門市三隅町）に生まれた。浅間山の噴火があり三万人近い命が奪われ、全国的に凶作飢饉の年であった。奥州では数十万人の死者が出た。

幼名を亀之助という。当時祖父為之は御前仕組方《ごぜんしくみがた》に参画し、藩財政の整理と再建の任にあたっていた。おりしも長州藩における宝暦の改革の最中であった。父光賢も藩の蔵元役所にて物資金穀の収支にあたるなど、村田家は藩政、財政に深くかかわる家系にあった。こうした社会と家庭環境の中で清風は生を受けたのである。

地元の私塾を遍歴して少年期の勉学を終え、十四歳のときに萩の藩校明倫館に入学する。そこで一層の文武修業に励むのである。また父光賢は、亀之助とともに三隅から勤務先の萩までの五里二十キロメートル余を毎朝歩きながら、生きた歴史を教え続けたといわれる。

享和二（一八〇二）年、二十歳の清風は義兄の松浦忠左衛門に同行し、江戸見習いに出発する。江戸時代はとくに幕末にかけて、青雲の志を抱き遊学の心に燃える青年は多かった。清風も例外ではなく、江戸行きは見聞を広げられる好機と心を浮き立たせて萩を後にする。

来て見れば聞くより低し富士の峯
釈迦も孔子もかくやあるらん

こううそぶきつつ江戸に着いた清風は、毛利家と姻戚関係にあった時の老中松平定信に接見する。天明の大飢饉のときに貧民救済で名声を高め、江戸の三大改革の一つである寛政の改革を進めた中心人物である。定信に会った清風は国内情勢の一端に直に触れていたく感動し、自分の未熟さを知ったと述懐している。また『群書類従《ぐんしょるいじゅう》』をまとめた国学者塙保己一《はなわほきいち》にも教えを乞うている。それにしても気骨溢れる幕府重鎮定信らとの接見は、その後の清風のもつ志に強く啓発を与えたものと思われる。

萩城址。萩城は毛利家の居城で別名指月城ともいう。明治6年の新政府の廃城令によって破却され現在に至っている。

清風は文化五（一八〇八）年の藩主毛利斉房

の小姓役を命ぜられて以来、斉熙《なりひろ》、斉元《なりもと》、斉広《なりとう》、敬親《たかちか》の五代の藩主に仕え、五十年近い仕官生活を送った。その間、とくに敬親には信頼され、長州藩における天保の改革の中心人物として活躍するのである。わけても天保九（一八三八）年、表番頭として地江戸両仕組掛《じえどりょうしくみがかり》となってからは藩政改革に大いに尽力し、当時藩の莫大な借金を前に「八万貫の大敵」退治との姿勢で手腕を振るった。激しい内外の反発を受けながらもその改革を断行し、長州藩の財政再建に寄与したのである。

『防長回天史』（末松謙澄）には清風を評してこう書かれている。

「村田清風　胸懐洒落　大言善罵　直情径行の近き風あり　但しその天下を洞察し、時務の要局をつかむ才に到りては即ち殆ど群を絶す」

清風の憂国思想

ところで清風は憂国の士でもある。上述した『防長回天史』にあるように、時代を見通す卓見の持ち主であったのである。『稽古談』の海保青陵や『海国兵談』の林子平にも精通し、これら先達者の警告を示しながら清風は若い後進に対してつねに海防の必要性を力説した。それだけに「戦《いくさ》爺さん」とも呼ばれたという。英国によるアヘン戦争での清国の崩壊ぶりや、ロシアの日本近海での出没、嘉永六（一八五三）年の米国のペリー艦隊の浦和上陸といった事件を聞くにつけ、清風は憂国の心を抱き、国防への危機意識は止みがたいものだったのである。ちなみに清風は、尊敬した人物は神功皇后の三韓征伐に従った武内宿禰、元寇で元使を斬り捨てた北条時宗（鎌倉執権）、そして海防を主張する林子平の三人であると語っている。愛国と憂国とに支えられた清風の時勢に関する認識がよく示されているといえよう。

ただ清風は憂国の思想を語るばかりではなかった。海防軍事のための実践を重視している。その最たるものが、大操練たる羽賀台《はがのだい》（萩市黒川）の演習である。清風は、武士がその存在意義である軍事機能を脆弱化させ形骸化しかねないことを恐れたのだ。加えて天保十三（一八四二）年に、長崎町年寄の高島秋帆らのオランダ式の砲術演習を藩士に偵察させ、洋式兵法の威力を知らされている。そこで翌年、萩藩として一万三九六三人の兵と五三四頭の馬を結集させ、一里四方の羽賀台で銃陣を編成しての実践的な大演習を繰り広げたのである。

しかしこうした軍事訓練は、確実に長州藩の力として蓄えられていく。例えばこの大演習の十年後の嘉永六（一八五三）年に浦賀に来たペリーの軍艦を、幕府は諸藩に防御する旨命じた。未熟な他藩は動揺するばかりであったが、長州藩は整然として五百余の兵が大砲三門、和銃百余をもって大森海岸に向かったと伝えられる。

さて他方で、清風はとくに人材を重視し、その育成には力を注いでいる。自らの藩政の中での勉学の有用さや、改革時での人材の大切さを身にしみて感じていたからであろう。

とくに藩校明倫館の拡張は彼の力によるところが大きい。そしてそこから多くの逸材が輩出していく。一方で晩年にはふるさとの三隅の山荘（自宅）に私塾を開き、武士に限らず近隣の子弟を幅広く集め育成した。

ちなみに当時の幕府にとって危険分子であった吉田松陰をよく理解したのも清風であり、清風の門下生でその意志を受け継ぐ周布政之助（村田清風家は政之助の母の実家）も松陰を陰に陽にかばったといわれる。こうした清風―松陰といった系譜に奇兵隊を創設した高杉晋作、薩長同盟を進めた木戸孝允（桂小五郎）らが続くことになる。いうまでもなくこれら人材が、ひとり防長（周防、長門の二州）だけでなく大きく防長を越え、やがて続く明治維新となって日本の歴史を変える起爆力となっていくのである。

第二節　清風改革への伏線、宝暦の改革

長州という藩

天災とはいいながら、不運というものは重なって生じるものかも知れない。村田清風の改革の前史として、清風の生まれる天明三（一七八三）年以前の半世紀の防長の様子を見

るならば、誰しもがそう感じることだろう。

享保十七（一七三二）年に中国地方に蝗害《こうがい》（イナゴ）が起こり長州藩は三十万石近い減収となった。寛保三（一七四三）年には大洪水が、延享二（一七四五）年には数度の洪水が生じた。延享四（一七四七）年にも天災が生じ、しかし一方で幕府は容赦なく利根川の手伝普請を長州藩に命じ、約三千貫の巨費を費消させている。こうして宝暦四（一七五四）年に長州藩の藩債は三万貫目にのぼったのである。

毛利家が潰れるかも知れぬ。そうした危機感から当時の藩主毛利重就（後には「しげたか」と呼ばれる）は実兄毛利広定を当職（国元にあっての最高権力の役職）に任命し、指導体制を確立して改革に着手する。

宝暦八年からの「宝暦の改革」の始まりである。

ところでそもそも長州という藩は、当時いかなる存在であったのだろうか。

毛利家は関ヶ原の合戦で西軍の石田三成サイドにつく。しかし藩主輝元は戦の前途を懸念し急遽徳川家康と和睦する。ところが家康は合戦の後に毛利を処分するのだ。それ以降長州藩は、政治的にも常に危うい立場におかれてきた。それだけに反幕府の気概は強く、そのことが雄藩としての精神の支柱ともなったのである。

毛利藩の正月に「獅子の御廊下の儀」というのがある。それが次のように伝えられる。

「主席家老が重々しく『倒幕の儀、今年は如何取り計らいましょうや』と言上すれば、藩主はやおら一同を見渡し『まだ時期が早かろうぞ』の一声で『は、はあっ』と一同平伏して儀式が終わるのでありました。関ヶ原以来うけついできた儀式であり、徳川討つべしの気概を代々引き継ぐ」（平川敬喜『村田清風入門』）

宝暦の改革

さて藩政改革である。江戸後期の長州藩での本格的な行財政改革は宝暦の改革からであった。清風が行う天保の改革をさかのぼること、八十年前の挑戦である。自ずと清風の改革の伏線をなすものであり、その概要は踏まえておかなくてはならないだろう。ちなみに触れておけば、幕末の長州藩ではもうひとつ藩政改革がある。清風の改革の後に試みられた安政の改革であり、清風の薫陶を受けた周布政之助らが行ったものである。

宝暦の当時、長州の藩士は財政難のなか高い馳走米（強制的に徴収した税米）の連続で、家計困難に陥っていた。半知借り上げで給与は五割減となっていたのだ。そのため吏道の廃れが著しく、その打開の熱意さえ失われていた。そこで藩主重就は親諭書で「倹約を基本にそれを謙虚に実行し、上下意を通じ協力し、互いに辛苦をしのび、弊風を改革する」ことを諭した。

しかし思うような改善には向かわなかった。藩内部での抵抗が大きく根強かったからである。

一　改革本部「御前仕組方」

そこで原因を人災と見た重就は宝暦九（一七五九）年、御前仕組方《ごぜんしくみがた》なる藩政改革本部といった組織で、藩の重鎮の坂時存や老練な羽仁正之らをメンバーとし、本格的な改革に踏み出すのである。その際、萩城内の聖域ともいうべき「獅子の御廊下」に役所を置き、改革への意欲を示したのだ。

それに先立つ宝暦八（一七五八）年に、財政民政に詳しい坂時存らは、藩主重就の意を受け、その思うところを建白書（上書）にとりまとめていた。「米売却のための良港設置、開作（開墾や干拓）の築立、用心米の充実、検地の実施」をしなければいけないといった建言である。他方で朝鮮通信使の接待などで評価され、当職裏判役に抜擢されていた高洲就忠も「経費の削減、役人の削減や倹約、不納米の一掃」などといった提案を積極的に行った。これら一連の提言が宝暦の改革の基本政策となった。「獅子の御廊下の会議」と称された幹部会には毛利広定（重就の実兄）、村田為之（清風の祖父）らも参加し、事実上の最高意思決定機関として財政再建策を審議したのである。

こうして策定された改革案は、すぐさま実行に移された。第一に改革として増収策に挑み始める。その基本政策のひとつとされたのが検地の実施である。いうまでもなく財政の基盤である土地収入の増加を図ることは財政向上の根本である。果たして検地の実施がこの宝暦の改革のポイントとなった。高洲就忠を統括役として新田の開発や隠し田の摘発を積極的に行うとともに、「厚薄広狭ならし」という公平性確保を題目にきめ細かく検地を実施したのである。田畠一筆ごとに検地して小村帳と小村地図と呼ばれる小字ごとの明細な帳簿を作成した。宝暦十一（一七六一）年に着手し宝暦十三年に完了させる。この検地によって藩収入は四万石余増えるという実績を生んだ。

二　長州の知恵「撫育制度」

この得られた新財源からの収入をいかに処理するか。改革本部となる御前仕組方は、在来の経常費の会計と区別し、別途に新しい産業振興の基金として積み立て管理することを決めた。リスク管理のための備蓄が主目的の特別会計である。宝暦十三（一七六三）年のことである。これを所管するために、撫育方《ぶいくがた》という藩主直轄の組織が設けられた。この会計の支出は生活苦の士民に対する対策や廃れていた儀式の再興、幕府の手伝普請など緊要緊急なものに限るとしたのである。逆に一般会計には赤字になっても補填しない、基金の額は秘密とする等とされた。

この制度はその後「撫育金」として新規事業の資金源となり、さらに新田開発・越荷《こしに》運用など積極的運用を行うことになる。後に「撫育方の新設は毛利氏の財政史上に一新紀元を画するものであった」（三坂圭治『山口県の歴史』）といわれるほどに効用をもつのである。現に発足した初年度から大浜開作、ついで鶴浜開作、新上地開作（いずれも現在の防府市）などが撫育方の資金で進められた。防府の他、後の岩国、柳井、徳山、宇部などの一連の工業地帯の形成はこの時の成果であるといわれる。そして長州藩が幕末に維新の大業をなしうるのも、この資金が大きな要因になったのである。

あわせて藩が撫育方の仕事として積極的に取り組んだのが港町（港湾）の整備である。当時瀬戸内海を往来するようになった西廻りの海運や北前交易の活用のため、伊崎（下関市）、中関（防府市）、室積（光市）に築港を行い、売り捌《さば》きや金融・倉庫業を行ったのである。とくに下関に設置された越荷方《こしにがた》や室積会所は米市場を育成するとともに、入港する他国藩への倉庫料や資金貸し付けによって大きな利益をあげた。

他方で産業振興にも力が入った。長州の主産物は「四白《よんぱく》」といわれた。四つの白とは紙・蝋・米・塩であり、「し・ろ・べ・え（四郎兵衛）」とも呼ばれる。この四白製品を中心に藩による保護奨励が行われ、大きな藩の収入を生ませるのである。三田尻浜の塩田などは当時三倍に拡大され、しかもその塩と蝋は撫育方により直営とされ、これも藩財政へ資していくことになる。ちなみに蝋は、ちょうちん（和蝋燭）の普及や髷の整髪用として需要が高かったものである。

第三節　清風の行財政改革、天保の改革

さてこの宝暦の改革によって長州藩は財政的に一息ついている。それ故、その改革を進めた毛利重就は萩藩の「中興の祖」と称される。しかし時代が下るに従い様子が変わり、やがて再び財政困窮に苦しみ始める。

内外の危機的な状況

もっともこの時期、経済財政の混迷は長州藩ひとりではない。幕府も各藩も天災や飢饉で不穏な情勢が続いていた。例えば幕府をみてみよう。

一　幕府の混迷と改革努力

少し遡るなら十八世紀末、天明の飢饉で打ちこわしなどが拡大し、幕府では老中松平定信による寛政の改革が断行された。その中心人物であった定信には、清風が二十歳の時に直に接見したことは前に触れた。その後の文化文政の時代は化政時代ともいわれ、一時は町民文化の花開いた時期となった。しかし天保二（一八三一）年には出羽国大洪水、関東大風雨、奥州飢饉が始まり、米価高騰や農民一揆も多発した。天保七年にはまた天候不順

で全国的な飢饉となり、打ちこわしや一揆が広がった。

そこで天保十二年に老中首座に水野忠邦が就いて改革が着手されることになった。幕府における天保の改革である。まずは綱紀粛正、奢侈禁止と倹約の徹底、出稼人の強制帰農を図る人返し令等が行われた。その一方で株仲間解散による営業自由化、江戸大坂十里四方を幕府の直轄領にしようとの上知令《あげち》による封土転換等が次々に着手されたのだ。しかしとりわけ上地令などは大名、旗本らの反対派の激しい攻撃材料となり、忠邦は天保十四年に退陣する。要は商業資本を抑え土着的な自然経済に戻そうとしたうえに、強引に中央集権化しようとしたところに無理があったのである。この間に大坂では大塩平八郎の乱が起こり、他に乱が広がるなど社会は不安定の様相を呈してくる。

二　長州藩の財政苦境

さて長州藩である。藩都の萩では文化六（一八〇九）年、毛利斉熙が家督相続する。財政難は続いており、斉熙は非常節倹令を出すなどその打開策に腐心していた。文政七（一八二四）年になると斉熙は隠退し、斉元が家督を継ぐ。その頃から財政は一時小康を得つつも悪化し始め、そのため非常倹約令が続けられ高額の馳走米が課せられていった。

ところで当時、清風はいかなる役職にあって藩政に関与していたであろうか。文政七年、隠居前の藩主斉熙は清風を当職手元役（財政整理の担当）に任命する。そこで清風は経費引き締め策の実行を試みるのだ。だが、この改革は役人および奥方の激しい反発をうけ、清風は失意のうちに文政十年に辞職する。

しかし藩主斉元は清風の力を無視できないとして、すぐさま清風を江戸藩の矢倉方頭人《やぐらかたとうにん》（江戸屋敷での歳出入・資材管理の担当）に任命したのだ。藩の金庫が底をつくほど藩財政は逼迫した事態になっていたからである。前藩主斉熙がそれにもかかわらず江戸葛飾に一万二千坪という広大な屋敷を開き、鎮海園という二千七百坪の大邸宅を建てた。国元とは異なる江戸藩邸での情報収集の機能を担保するためともいわれる。さらに文政十二年になると幕府の命で嗣子斉広には将軍家斉の第十八女和姫を迎え、盛大な婚儀や付き添いの女中たちの交際費などの出費がかさむことになる。加えて天保元（一八三〇）年には風水害で藩の米収穫は五割減となっていた。ついに藩債は八万貫を突破する。

清風らは大節倹令を出し、上は主君から下は農民まで徹底した倹約を励行させようとした。しかし当然のように反発が生じた。そうまで吝嗇《りんしょく》になることはないと財源を富くじに依存することが主張されたり、既に六公四民となっていた年貢米の取り分の比率をさらに七公三民として、農民に負担を強いろうとする勢力が力をもっていく。清風はこのようなその場しのぎのやり方に憤然とし、病気と称して三隅へ引きこもってしまうのである。

だが天保元年、清風は藩主直轄の撫育方頭人《ぶいくがたとうにん》に任命される。おりしも浅江村（光市）で一揆が起こるなど農民の不満も大きくなっていた。そこで翌年、清風は用談役として改めて財政再建に着手するのだ。しかしまたまた抵抗は大きく、改革は受容されず清風は辞職。

ふるさと三隅へ帰っていく。

このように村田清風の四十歳代における再三再四にわたる改革への挑戦は、そのつど頓挫を強いられてしまったのである。そのつもりにつもった鬱積たる思いは想像に難くない。

三　長州農民の一揆

おりしも長州では、大凶作にかかわる迷信がもとで天保二（一八三一）年には農民による大暴動が発生した。この農民一揆は藩各地に広がり、参加村は百を超え十三万人が加わった。当時の長州藩の人口が約六十万人といわれているだけに、その反乱の規模はまさしく尋常ではないものである。

そしてこの騒動の根っこには、重税や専売により利益を図っていた藩の産物会所や御用商人に対する農民の強い不満があった。藩は抱える大負債の解消のため、藩の専売制を強化するなど重商主義的な施策によって藩庫の増収を図ろうとし、農民たちの商品作物の自由売買を容認しなかったからである。

この農民一揆の大騒動は藩政府に大きな衝撃と動揺を与え、本格的な改革着手の動機となった。

清風は、この一揆の原因は経営するトップにありとし、自著に次のように記した。

「此の乱は、何事より萌したるか、よくよく工夫あるべき事なり。四非（罪）は政治をなす人にあるべし。出納を司る役人にはなしと知るべし」（「病翁宇波言」）

この天保二年、清風は四十九歳にして表番頭格に列し、江戸当役用談役に任ぜられる。いよいよ藩政の中枢を担い始めるのである。そして翌年清風は一揆の体験をもとに藩政改革の基本綱領を作る。こういった実証的な政治姿勢が清風の改革を力強いものにしているといってよいだろう。

おりしも長州藩では天保七年には隠退していた斉熙が五月に没し、ついで九月に斉元が病死し、さらに同年十二月には相続した斉広が急逝する。こうした三人の不幸が重なり、さらにその夏には大洪水、冷害があって米収穫が三分の一以下と大幅に減った。〝祟りではないか〟との噂も広がって世情も不安となり、財政も極度に逼迫していったのである。さらに翌年は凶作で飢饉となり、三田尻ほか各地でまたまた農民一揆が発生した。

始まった清風の改革

こうした長州藩の未曾有の危機に、毛利敬親（初名は慶親）は十三代藩主となったのである。敬親十八歳。天保八年のことである。司馬遼太郎をして「慶親・清風のコンビによるこの当時の長州藩」（『世に棲む日々』）と言わしめたあの藩主である。翌天保九年の初の国入りに際して、恒例となっていた輿によることをせず馬に跨って乗り込む。しかも頭に菅笠、木綿の紋付き羽織りという出で立ちである。節倹の姿勢を示したのだ。そう伝えられるほど、新藩主は既に強い危機感を有していたのである。

一 人材の登用と推進体制づくり

さてここで天保時の長州藩の財政状況について具体的に見てみよう。宝暦の改革の時に藩債は四万一三〇〇貫（宝暦八年）であった。それが天保十一（一八四〇）年には八万五一二五貫にも達していたのである。おおむね藩年収の二十二倍に近い巨額なものであったといわれる。ちなみに、『武士の家計簿』を著した磯田道史茨城大助教授は当時（天保十四年）の換算を三貫目＝千二百三十万円と計算している。そこから見ると、長州藩は現在価値で約三千四百九十億円の負債を負っていたことになる。

敬親はこうした負債を「八万貫の大敵」退治と称し、清風とともに藩政の改革に挑むこととした。いよいよ長州の天保の大改革が始まるのである。

藩主敬親は必ずしも聡明ではないが、およそ偏狭というような人物ではなかったようだ。家臣から何をいわれても「そうせい」と答え、「そうせい」侯と呼ばれたといわれる。しかし敬親は改革にあたり、まず人材を選び政治の仕組みを徐々に、しかも根本から変えていくことを考えた。

天保九（一八三八）年、敬親は清風を引き抜いて地江戸両仕組掛に任命し、兼ねて家老顧問役（財政改革総元締め）とした。中級武士であった清風を一挙に一代家老にまで抜擢したのであるから周囲は驚いたに違いない。翌年、さらに清風は財政仕組掛に専任され、財政改革に本格的に取り組むことになる。しかし、また激しい反発が城内では起きる。誹誹は一身に集まり、清風は大いに苦慮することとなる。

このとき夜陰に紛れ自分を襲おうとする不満分子まで現れる。清風は怒りをもって「国《こく》歩艱難《ほかんなん》の詩」を作っている。清風の気骨を示す詩として、今に語り継がれているものである。

ただ清風の改革は理想に急ぐ余り性急であり、押し付けの面も有していたことは否めない。「大言善罵　直情径行の近き風あり」(『防長回天史』)と評される所以である。それだけにやはりなかなか進むことがなかった。清風はここでも辞任を表明する。ところが藩主敬親はこの辞任を許さない。そこで思い立った清風は、城内の優秀なる者を集めての特別の推進組織づくりを願い出るのだ。藩主敬親はこれを承認する。

二　七月七日の七か条の建白書

藩主敬親は天保十一年五月十日と七月七日に御前会議を開く。その五月の会議で広く家臣団にも藩の窮乏の実情を示している。今日でいう財政白書の公表であり、往時としては画期的な英断であったといわれる。そうした上で赤字の解消、藩債の返済、士民の負担軽減、江戸と地方の経理の改善などでの意見を求めたのだ。逼迫した事情を知った藩内に危機感と一体感が広がる。そして七月の会議で清風は「流弊意見書」なる献策を出す。これが天保の改革の柱となるものだ。藩主毛利敬親の御前会議での直諫《ちょっかん》であり、清風の一世一代の大舞台というべき「七月七日の七か条の建白書」である。

一　御威光の事
まず藩主の政権のありようとして「上下の心のふさがり」を破ること、「地方、江戸方の予算の分捕り競争は藩財政の自壊自滅」を招くため「諸役局の障壁」を打ち破ること等を訴える。すなわち上下の意思疎通とナワ張り主義の撤廃を行政改革の要諦としたのである。

一　選挙の事
二つめに人材登用について「尋常の節は資格、非常の事ある時は抜擢」として、普段の時と異なり、特に改革時では形式にとらわれない人材登用の必要性を明示する。

一　風俗の事
ついで「上に立つ者は私利私欲を離れ、精励につとめ」「武器を整え背具をその次とし」「女子綿服のことなども一藩の風紀を正し」「貧民に貸し金し高利を収むるなど、苛政の最たるもの」などと教示するのだ。

一　富国の事
また「苛政を以て民財を収奪し金庫に巨万の富を蓄えても、怨嗟《えんさ》の声が地に満ちるばかり」「入るを量って出ずるを為す立法こそ不可欠」「分限をこえて見栄を張るなど最も忌むべきこと」等といった財政運営の心構えも示す。

一　強兵の事

他方で社会情勢への危機感から軍事の大切さを捉え、「文武並び立ててこそ国の一大事の備え」と提言するのである。

一 時務の事

さらに改革のトップは心構えこそ重要だとし、「今こそその時、上に立つ者こそ先頭で実行すべし」と決断と危機意識をもつことを求めた。

一 至誠の事

最後に、「時なる哉失すべからず」とし、藩の弊政は極点に達しており、改革は一日もゆるがせにできないことを強調したのである。

三 実行された諸施策

こうした藩政改革の基本方針を確認し、それに基づき清風たちは敬親の下、主従一体となって次々と施策を打ち出していくのである。

① 入るを量り出ずるを為す

清風は自らの建白書で掲げたように、歳入歳出の基本原則である〝入るを量って出ずるを為す〟ことを重視し実行する。

まずは出ずる（支出）についてである。藩主やその家族の生活費の節減から始まり、子女綿服の着用等といった倹約を求める。以心伝心というのであろうか、藩主敬親も清風の意見を入れ絹から木綿の着物に替え、食事のおかずの数も減らしたといわれる。

その一方、修補《しゅほ》米銀という貸付制度の整理など問題を抱える支出の削減を図ろうとした。修補（貸し付け）の制度は当時、その設置趣旨と異なり村役人や豪農商の高利貸し付け機関となっていたからである。また藩の虎の子の撫育方の地下馳走米（臨時税収）を本会計に充当したり、収入増の工夫を試み、藩有林の伐採、貯穀の充実等を進めたりしたのである。

② 殖産興業の推進

もちろん入り（収入）については収税だけではなく、産業振興による積極的な収入増を図ろうとした。特に産業税ともいうべき運上金を納入させることに取り組むのである。分けても長州銘柄を重視し、前述した、いわゆる四白たる紙、蝋、米、塩の「しろべえ産業」といった地元産業おこしに力を入れたのである。

また清風は付加価値による増収を期待し、農業、林業、水産それぞれに加工化することを奨励した。その際の付加価値製品おこしの例としては、干し柿、干し大根などのほか、海産物としての乾イカ、乾ふぐ、乾なまこ、乾さばや鯨肉の塩漬け、味噌漬け、塩鮎など広範にわたる。これらは当時大坂での人気を大いに得ていたものといわれる。また産物会所を再編成して特権商人の独占も改めさせた。

こうしたことから藩財政は好転し、天保の中ごろから始まった「八万貫の大敵」退治も、弘化、嘉永と進むにつれ、その大半を押さえ込める兆しが見られるようになった。

③ 農民への施策

清風は生産者たる農民の保護にも力を入れ、年貢緩和などを行っている。また農民の保護施策のひとつとして注目してよいのが前述した修補制度の活用である。清風は、この地方修補を見直し、高利貸し的な運用を認めず、「社会福祉的な性格をもつものに改革しようとした」（『山口県の歴史』山口県・監修國守進）のである。

すなわち、清風は反対勢力を抑え、削減した修補制度の資金を越荷方《こしにがた》事業に回す一方、農民の救済のための制度に整備しようとした。救民修補（生活保護）、土木修補（土木工事補助）、特産振興の修補などが行われ、農民の負担の軽減とともに不満の解消を図ったのだ。ちなみにこの修補制度は、地域によっては今日でいう出産育児の助成に近い補助まで行われたとの興味深い指摘もある（三坂圭治『山口県の歴史』）。

もっとも他方で清風は農民に、「力田」「節倹」「禁興利」を求めている。積極的に田を耕すこと、生活での質素倹約をすること、利益を得るような商品をつくることは考えないことの三つであった。農民の保護に配慮しつつも、商品経済への参入にはあくまで警戒していたことが見受けられる。

④ 越荷方事業の拡大

ところで、この天保の改革で注目すべき増収策として挙げるべきものは越荷方事業への積極的なテコ入れである。越荷方は先の宝暦の改革にあってスタートした制度であるが、天保十一（一八四〇）年に清風改革の一環としてその規模を拡大する。当時盛んになりつつあった北前船を利用し、それによる藩外交易や商品担保での金融を行おうとしたものである。船問屋の豪商で後に勤皇の志士となり、高杉晋作らに資金援助を行った白石正一郎（赤間関（下関）の豪商）らがこの事業に登用される。そして、清風は馬関（下関）に倉庫群をたて、委託販売を始めるのである。まず船主から倉敷（倉庫）料と手数料をとる。それだけではない。越荷方は、売れる時期には大坂に廻送して売り捌《さば》き、さらにその利ざやを儲けるというしたたかなものであった。

しかも清風はこの時期、撫育方用掛を兼任していた。そこでこの越荷方事業の費用を撫育金から運用したのである。天保十三年、このとき清風は既に六十歳。老練なビジネスライクの発想を発揮し始めたものといえるだろう。このように長州は、藩ぐるみの重商主義的な富国策を推進していくのである。ここが農本主義をとった幕府の天保の改革と大きく異なるところといってよいだろう。

ちなみに越荷方事業で獲得された新財源は藩に潤いをもたらし、この事業収益は藩の軍備の拡張に充てられることになった。越荷方事業は中関、室積などにも拡充され、やがて周布政之助、高杉晋作などの意見として逆にその収益の撫育方への積み立てさえ行われるのだ。そしてそれが後に幕末維新では、軍艦三隻、鉄砲七千丁などへ充当されていくのである。また、当時禁じられていた外国への留学費にも充てられるばかりか、ついには維新後に明治政府に対し八十万両（一説では七十万両）の寄付もこの備蓄金から行われていることは注目されてよい。

⑤ 債務整理の徹底

萩市西の浜。清風は貨幣の信用を回復すべく、金や銀の裏づけのない藩札を、この西の浜に集まった人々の前で3日間にわたり焼却した。

さて天保十四年、清風は「公内借《くないしゃく》三十七カ年皆済仕法《かいさいしほう》」を断行した。家臣の借金をなくして生活困窮から救い、職務に専心できるようにするための窮余の策である。良くも悪くも清風の名を高らしめた改革策である。

この財政整理の方法は、

・藩からの借金は年三%の利子分を支払えば棒引きにする

・その代わり今後は藩から一切借金（公借）してはならない

・商人から借りたお金（私借）は藩が肩代わりし、藩は年二%の利子分を毎年債主（商人）に支払い、元金支払いを三十七カ年延期するというものである。これは、借金財政と人々の贅沢生活を根底から立て直そうとする試みだ。「長州藩の荒療治」といわれるもので、実質的に債権踏み倒しに他ならない。このような整理の例は、薩摩藩家老の調所広郷《ずしょひろさと》の改革など当時の他藩や武家にも見られるところである。

清風の「三十七カ年皆済仕法」で一番の打撃を受けたのは、大坂・京都の藩御用商人や城下の大小の商人であった。すぐさま反撃の工作が行われ始める。そしてこの反撃に弾みをつけたのが、城中や江戸藩庁の内部の女性たちであった。借金から解放されたはずの武士も反撃に回る。新たな借金ができなくなってしまったからである。こうした状況のなかで、やがて改革政治に批判的な坪井九右衛門らの対立派が台頭してくるのである。

おりしも幕府の天保の改革を推し進めた老中水野忠邦の失脚もあり、弘化元（一八四四）年、清風は排斥され、江戸手元役を免ぜられ退陣する。六十二歳の時である。そして坪井九右衛門が右筆役《ゆうひつやく》として藩政を中心的に担っていくことになる。

政敵、坪井九右衛門

ものごとをやり遂げようとするときには、必ず敵が現れるものである。それは時に熾烈な戦いを演ずるライバルになり、あるいは皮肉にも長期的には組織としてバランスのとれた運営を補完し合う存在になることもある。

一　坪井九右衛門の公内借捌法

坪井九右衛門は清風（派）にとって、政敵とも宿敵ともいえる人物である。佐藤家（一説では元首相佐藤栄作の実家）に生まれ、坪井家に養子に入る。最後は佐幕派に与し尊王攘夷派によって処刑される。

長州藩の改革では、村田とこの坪井という二人が対立しながらも、交互に実権を握って改革が進められるのだ。前者は正義（革新）派、後者は俗論（保守）派と称され、財政では引き締め緊縮論と積極緩和論となって対立し、政治的には尊皇派と佐幕派となる。後に村田派が勝者となることで、坪井は実像以上に悪役視されている節がある。なお、年齢は村田が坪井よりも十六歳年上である。

①　経済政策における相克

先の天保十一（一八四〇）年の七月七日の御前会議。そこでは、既に経済政策に関する意見は二つに分かれていた。ひとつは清風の唱える、農民ら生産者をもっと富ますような方策を講ずべきとするものである。とくに生産者（農民ら）の収奪を緩め生産品の仲介を行っている商人の利益を縮小すべきという考えである。

これに対し坪井は商人の力を重視し、年貢の徴収や運上金・冥加金の献上などを行う商人を活用しようと唱えたのである。

はたして商人対策で徹底的に相反するのは、先述した天保十四年の「公内借三十七カ年皆済仕法」に関してである。これに対し、翌弘化元（一八四四）年十一月、坪井によって「公内借捌法《くないしゃくさばきほう》」という大転換施策が実施されたのだ。商人に厳しかった清風の三十七年賦の法はわずか一年の施行で廃止される。坪井の新法は、敬親の特旨で銀三万五千貫の原資をもって実行された。これは、

・家臣の藩からの借入れ（公借）は無借とする
・民間からの借入れ（内借）は藩が代払いする
・この恩恵のない者には石高百石につき銀一貫を与える

というものであった。債権者たる商人はもちろんこれを歓迎する。が、当然にも藩財政は一挙に悪化し、大坂商人から銀五千貫を借金する羽目になる。坪井の施策は徹底した重商主義に立つばかりか、ややポピュリズム（大衆迎合）的であった。人々の不満や商人の意向を全面的に受け入れたことで、それまでの改革路線を大きく後退させてしまうのである。

二　長州藩の二大政党制

そこで弘化三年、藩は当職を再び益田元宣（永代家老家、益田弾正の父）に戻して改革の再強化を図ることになった。元宣は清風とともに明倫館再建に努力した学校惣奉行でもある。また翌年には当役（江戸藩庁での最高役職）を村田派の浦靭負とする。清風路線の復権である。

坪井は罷免され禁錮に処せられる。もっとも坪井の後は、子飼いの椋梨藤太《むくなしとうた》が務め、坪井の影響力は残される。ちなみにこの椋梨は、清風の改革路線を踏襲する周布政之助を自決に追い込む人物であって、最後には本人も尊皇攘夷派に処刑される。

いずれにせよ、このように幕末の長州藩は、その後も革新の清風派と保守の坪井派が主導権掌握に三転四転する。あたかも今日でいう保革の二大政党制が採られたかのような様相を呈していくことに注目してよい。

もっとも両派は政治路線はともあれ、「清風と九右衛門との経済政策においては極端な違いはなかったのではないか」（大谷喜信・村田清風記念館長）との指摘もある。両者とも濃淡こそあれ重商主義を基調としていたからである。

第四節　その後の長州藩、安政の改革

天保の財政難も弘化、嘉永へと下るに従い、それなりに落ち着いていった。しかし嘉永（一八五〇）三年と嘉永五年に暴風雨による洪水があり、嘉永六年の長州は四カ月も雨のない大干魃となった。おりしも同年、ペリーが四艘の軍艦を率いて浦賀に来航、日本の開国を求めた。〝たった四はいで夜もねられず〟と落首に書かれるほど世情騒然となり、時

勢は急転する。

そのことは長州藩にも直接影響を与えることになる。農漁民による警備隊の設置や沿岸割当警備による出兵、大砲・鉄砲・軍艦の整備などの警備費が増加してくるからである。藩の政治的、財政的な緊張感はいよいよ高まってくる。

まず村田派が軸

この危機的情勢の下で長州藩はそれまでの商人重視の方針を変え、藩が強兵策を推進できる財政強化策を選択することとなる。嘉永六（一八五三）年、坪井派で政務役であった椋梨藤太が免ぜられ、村田派の周布政之助がこれに代わったのだ。安政元（一八五四）年の一月に米艦が再来し、武力を背景に開国を迫る。ついに日米和親条約が締結される一方、三月に米艦への吉田松陰渡航事件が起きる。そういった慌しい情勢の中でのことであった。五月に藩主敬親がお国入りし、再び長州は藩政の立て直しを本格化するのである。これが安政の改革であり、次のように展開されていく。

安政元（一八五四）年、敬親は当役に浦靭負を留任させつつ、仕組方に村田派である口羽善九郎を任じて当職用談役兼務とした。そして誰よりも村田の改革の意志を継ぐ周布政之助を登用して、改革本部体制をとったのである。こうして藩主敬親は徹底した財政改革を命じ、清風の天保の改革よろしく別役所（改革本部）は「獅子の御廊下」に置いたのだ。

さて改革本部は、行財政改革の基本たる諸経費削減、行事簡素化等の倹約の徹底を図ることから始まり、家臣に半知の馳走米（給与の五割カット）も課すこととした。安政二年には藩内商人に御用金を命じている。その一方で公内借の返済の延期令を出す。果たして藩財政ばかり中心に考え過ぎる改革だと、商人たちから不満が噴き出してくる。

その批判の高まりに困惑した藩は、隠居の身となって三隅にこもっていた清風を仕組方に起用しようとした。〝困ったときの神頼み〟といった、藩改革に不可欠な大きな存在に清風がなっていたことを伺わせるものだ。

だが清風は中風《ちゅうふう》を再発し、ついに自宅で息を引き取ってしまうのである。五月二十六日。改革一筋の七十三年の生涯であった。

坪井派に交代するしたたかさ

しかしながら、清風亡き後も藩政改革をめぐり保革の派閥対立は続く。安政二年、改革路線に反発する世情をみて藩はついに口羽、周布等の村田派（革新派）を罷免し、保守派を主流にするのである。すなわち坪井派の椋梨藤太が政務役となり、坪井自身も用談役御用掛になった。その変化を象徴するように「獅子の御廊下」の別役所は廃止され、また負債延期令は撤回された。口羽、周布等は逼塞《ひっそく》を命ぜられ、再び坪井派による商人重視の富国策がとられていくのである。

さて、ここまで頻繁な交代劇をみると、先に触れた二大政党制のような、長州藩の組織運営には舌を巻くというものである。長期的に見る限り、村田、坪井両派のめまぐるしい人事交代には、やはり長州藩の持つバランス感覚が包含されているといってよいからである。両派の長短を時に生かし時に抑制しあうことで諸層からの批判の矛先をかわし、藩としての改革を持続的に進めるという風に受けとめられるのである。それを藩主敬親のリーダーシップの力だと称する人もいる。が、幕府や商人、藩士、農民の利害調整という視点から、微妙な人事管理を長州藩は自身のチエとして行ったのではないか。一種のビルトイン・スタビライザー（自動安定装置）ともいうべき装置性を、長州藩は内在していたといってよいように思われる。

もっともこの保革の対立は、井伊直弼が大老に就く安政五年の頃から政治的には決定的になり、相互に凄惨な粛清を行い始めることは知っておかなくてはならない。

物産取引による富国策と強兵路線

安政の改革も安政四年になると、坪井派領袖の坪井九右衛門が改めて藩中枢に登場し撫育方に専任となる。財政面での改善は進まないものの、重商主義をとっての物産取引による富国策は一定の成果を生むのだ。

ところで、その際特筆すべきは梅田雲浜の活用である。勤皇志士となり安政の大獄で獄中死する雲浜であるが、若狭小浜藩を嘉永五（一八五二）に除籍されたのち坪井九右衛門など長州藩と結びつく。

梅田雲浜は儒学者であるが、その長けた商才を買われ長州物産御用掛となり、長州藩は京や大坂方面と上方交易を始めることになるのである。坪井九右衛門自身も物産御用掛となる。防長からは、例によって紙・蝋・米・塩の「しろべえ物産」や海産物が出され、上方からは呉服・小間物・薬種・材木などの輸入が積極的に行われる。こうして物産取引による藩財政への寄与が大いになされたのである。

長州藩ではこうした富国策に邁進するが、同時に全国的には維新の革命への胎動が始まろうとしていた。長州の安政の改革は、もはや一藩の改革でなく、日本全体の改革の色彩を持ち始めていた。それだけに「富国」にとどまらず、「強兵」策が重視され始めるのだ。前年の安政三（一八五六）年、長州藩では当職を新鋭の益田弾正に替えていた。弾正は後の一次長州征伐の時に切腹した三家老の一人であるが、萩に造船所を造り初の洋式軍艦（木造帆船）丙辰丸を築造する。しかし安政五年、おりしも幕府の大老は守旧派の井伊直弼となり、安政の大獄が始まるのである。

藩主敬親はこうした情勢変化に対応し、藩政の人事の入れ替えを行う。何よりも周布政之助を当役手元役とするとともに政務役を兼ねさせ、改めて実権を担わせたのである。時代は明らかに憂国の心を訴え続けた清風の思想と、それを受け継ぐ改革派を求めたといえるのだ。

藩主敬親は強兵に軸足を置いた改革へとシフトしていく。周布は軍制改革に着手し、新式ゲベール銃千丁を購入して銃陣訓練を行うとともに軍艦建造などの洋式化を進めた。また注目すべきこととして農兵を取り立て始めたことがある。これが後の高杉晋作の「奇兵隊」の先駆となる。他方で周布は身分に関わらず有能な下層家臣の登用を行う道も積極的に開いていく。

「戦爺さん」と呼ばれ、また人材育成を終始説いていた清風。その薫陶を具体化するばかりか、次の維新への準備がこうして周布らによって着々と進められたというべきである。村田清風の改革路線が、坪井派という対立軸をもちながら長州の体力を脈々としてつくりあげ、やがて明治へと怒涛のように流れ込んで行ったのだ。

抑えは抑え、使うは使う

ところで村田清風の改革者としての工夫と努力は、今日からみても十分評価されうるところである。多数の反発を買いながら藩の改革を断行しており、そのため例えば、次のような悪意に満ちた落首を書かれている。

大公議の真似をするのはよけれども　（注）大公議：幕府の改革

今の政治は猿の人真似

しかし清風のすごさは、行財政改革を単に歳出の抑制だけに腐心したのではないことだ。他方でやるべきことはやる、使うべきところは使うという姿勢を持ったことである。その典型が羽賀台の軍事演習である。幕府の目を欺いてまで決行したこの大プロジェクトは、一万三千九百余人の兵、五百三十余騎の馬を動員しての大演習であった。膨大な支出を招いたことは間違いない。しかし士気高揚、兵制改革、西洋式軍法の習得といった面で不可欠な施策としたのである。

あるいはまた、明倫館の総合大学化といった大事業も評価される。財政難であるにもかかわらず人材育成は絶対に不可欠な施策であるとする清風の経綸《けいりん》策の一つといってよいだろう。

行政改革にあってただ物心を委縮させるだけの削減改革ではなく、必要な事業には惜しむことなく支出する度量示す清風の姿勢は、今日の政府や地方自治体の行政改革への強い示唆を与えているというべきである。

第五節　村田清風と人材育成

〝唯人の才を見て活用するにあるべし〟

最後に、清風が力を注いだ人材育成の業績、すなわち教育への取り組みについて触れておかねばならない。

清風は勉学の人である。そして一貫して人材育成を重視して止まない。

幼き頃、憶えの悪さから「ドン亀」（幼名は亀之助）といわれたものの、やがて発奮し精励に努め、学業優秀と若くして藩学校明倫館の御書物方に抜擢されている。そして自らを磨くだけでなく、子弟の育成発掘を怠らなくなる。藩政の中枢にあってもつねに子弟の教育を重視し続けていくようになるのだ。

清風は長州藩の天保の改革にあっては、財政改革のほかに重要な柱として文教政策を置いた。藩改革が、時として多くの心ない人たちの抵抗によって遅滞されたことに大いに苦しんだ清風である。

それだけに人災ともいうべき事態を克服する改革に、教育というものが何よりも重要だと痛感していたに違いないのだ。

清風の教育観、人材育成への考え方は偏狭ではない。極めて大きい。

「国に人無し人なしと申し候へども、私には更に合点が参らず候。東西五百里、南北百里の、この蜻蜓《せいてい》州に、天地より其の国を治むる程の人を産せずということは、これあるまじくと相考え候」（『病翁宇波言』）

こうした清風の情熱を藩の施策として具体化するのに出されたのが、天保の改革時の文学興隆令（天保十一年）であった。人の軽重、家の尊卑を論ぜず、学校に入らしめて修学しむべきと諭して、学校教育を重視し広く勧学奨励を進めたのである。現にさっそく翌年には、江戸藩士の師弟のために江戸桜田邸に文武就業所たる「有備館」をつくっている。

私塾・三隅山荘。清風の生家であり、私塾ともなった。余生をここで過ごし、近隣の子弟を集めてその指導にあたった。

明倫館と三隅山荘

さらに同年藩主敬親は、藩の武士や行政官の士気を一段と高め、農漁民や町民の勤労精神を培うため、明倫館の総合大学化という大施策を発表する。むろん清風の進言によるものである。青少年ら多数の者の教場とするには、当時の明倫館は小規模で手狭であった。

藩校は江戸中期以降に急速に広まり、特に幕末に各藩はこぞって人材の育成・発掘に力を入れていた。清風は水戸の弘道館、伊勢の有造館、会津の日新館などを先例としてすぐれた学舎を造ろうとしたのである。新明倫館は敷地が二町四方にわたり、現在の明倫小学校等の敷地をも包摂する広大なものであった。中央に聖廟、その西に講堂、学校御殿、東に演武場があって剣術、槍術、礼式、兵学の稽古が行われた。今日のプールのような水練池、あるいは連兵場、さらに医学所までも設けた。まさに総合大学である。しかも学頭は山県大華が就任し、朱子学が講じられた。師たる者と学生たる者を収容する学舎があり、出席簿も整備されたと伝えられる。

「こうして学生を督励したことで、好学尚武の風が欝然として盛んになっていったのも、村田清風のたくまざる力量によるところが大である」（平川喜敬『清風入門』）

と後日讃えられる所以である。

ただ六十歳を超える頃から、清風の健康はすぐれなくなる。しかし気力は衰えず、近郷の子弟を集め私塾を開く。天保十四（一八四三）年の春、故郷の生家、三隅山荘の一棟を改造し、聖人孔子像を安置し尊聖堂と称した。余生をば次世代を担う若者の指導に精進しようとしたのである。

「是に於て大いに文武を興し　上卿大夫《かみけいいたいふ》より下衆《しもしゅう》庶子弟に至る迄　文を学び武を習わざるはなし」（山県大華『尊聖堂の記』）

このように明倫館学頭の山県大華は、当時の三隅山荘の活気をその撰文で表しているのである。

吉田松陰像（萩市・松陰神社所蔵）。回天維新の傑物。安政の大獄で刑死する。松下村塾を主宰し、久坂玄端、高杉晋作、伊藤博文、山形有朋らを輩出した。清風を師と敬う。

後進へのメッセージ

一　書き残された著作述作

それにしてもこの時期に書かれた清風の著作は多い。政治、国防、教育など幅広い著作はほとばしるような勢いを持って語りかけ、人々を啓発するのである。分けても「病翁宇波言」、「物頭心得条々」（嘉永五年）といった政治録は有用である。さらに「長夜の寝言」、「遼東の以農古」、「漁翁若話」、「甲寅野芹」、「海防糸口」などといった海防（国防）の必要性を強調する述作（嘉永六年）も特筆すべきものがある。これらによって実に多くの幕末の人々が触発されたことであろう。

余命の長くないことを知る清風の、後進育成と憂国の思いは鬼気迫るものがあったともいえようか。

ところでこのこととの関わりで、ここに記しておかねばならない人物がいる。清風の生地の三隅に、清風の死後六十年後に生まれた一人の画家である。香月泰男。終戦後にシベリアに抑留され、極寒のなかで望郷の念に苦しみながら逝った同僚の慟哭を描いた画家である。そのシベリアシリーズには、画面に刻まれたどす黒い大地から覗く幾つもの目が祖国と生への執念と絶望を漲《みなぎ》らせ、戦後の日本人に亡国の歴史の重さを突きつけている。

まさに清風が警告してやまなかった憂国の、その大局を掴め得ずして半世紀後に国を滅ぼしたわが国の歴史が、この同じ三隅の地に出たもう一人の人物によって現出されることに驚かないわけにはいかない。

「四非（罪）は政治《まつりごと》をなす人にあるべし」（『病翁宇波言』）と、天保の大一揆を総括しての清風の言葉が、その慧眼《けいがん》として改めて想い起こされるというものである。

二　清風を讃える松陰

ところで幕末の回天維新の傑物、吉田松陰は天保元（一八三〇）年に萩に生まれている。

清風四十八歳の年のことである。その松陰の世界観の形成に、清風の藩おこしのための教育とその薫陶を受けた人々の気概が影響を及ぼしたことは容易に想像がつく。吉田松陰は八歳の時に明倫館にのぼり、すでに教授見習いになっている。

「松陰の幸運は藩政の沈滞期に成人したのではなく、それが上昇しつつある時期…政治に活気と可能性がみちあふれた時代…に成人したことであろう」（『世に棲む日々』）と、司馬遼太郎は当時の長州の風土を記述する。現に松陰は藩の大先輩である清風を敬い、「（村田先生の）〝時や失うべからず〟という一語を深く心に留めています」と旅先から清風に感謝の書簡を送っている。

清風逝去は安政二（一八五五）年五月二十六日。その報は安政の大獄で野山獄に入れられていた松陰に知らされる。松陰は痛哭《つうこく》し「皇天何の心ぞ我が長防に幸いせざる　吾が君の眷《はん》するところ一朝にして忽ち喪亡す」と、追悼の詩を残している。清風の生涯の大きさと松陰の清風への思いの深さを知ることができるといえよう。

清風はいま、ふるさと三隅の自宅近くの、仙崎湾を見下ろすことができる小山の一角に眠る。

〔主な参考文献〕

・山口県教育委員会編『村田清風全集（上・下巻）』（マツノ書店）
・平川喜敬『村田清風入門』（平川芳孝（発行））
・三隅町教育委員会編集・発行『清風読本』
・林三雄『長州藩の経営管理』（文芸社）
・磯田道史『武士の家計簿』（新潮社）
・三坂圭治『山口県の歴史』（山川出版）
・司馬遼太郎『世に棲む日々』（文芸春秋）
・道迫慎吾『「俗論派」の人々』（新人物往来社）
・広中健次『村田清風』（三隅町教育委員会）
・童門冬二『長州藩大改革』（学陽書房）
・山口県『山口県の歴史』（ぎょうせい）
・小川國治『毛利重就』（吉川弘文館）
・内藤正中『山陰の風土と歴史』（山川出版）
・大谷喜信『吉田松陰の師・村田清風』（村田清風記念館）
・村田清風記念館編『村田清風記念館案内』

〔執筆者プロフィール〕

嶋津　隆文（しまづ・りゅうぶん）

一九四七（昭和二二）年生まれ。早稲田大学卒。東京都庁、ＮＩＲＡ（総合研究開発機構）、東京観光財団を経て、現在は松蔭大学教授（地域行政論）。主著に『どこで、どう暮らすか日本人』、『どうなる日本、どうする分権』がある。

頼杏坪

救民の経世家　頼　杏坪

花本　哲志

竹原春風館所蔵

PROFILE

江戸後期の儒学者。儒学を政治に活かすために広島藩にもたびたび進言し、民間の実情にも明るかったため行政官にも任命された。農民の益になり、しかも藩が安定する政策を目指すために農民からの収奪を強める藩の方針を批判し続けたが、その進言はほとんど実施されなかった。

第一節　広島藩出仕と時代状況

　幕藩体制の矛盾が表面化し、その存在基盤が大きく揺らぎ始めた文化文政年間（十九世紀前半）の広島藩。その中にあって統治が難しいとされた備後北部の四郡（恵蘇《えそ》・三次《みよし》・奴可《ぬか》・三上《みかみ》）の郡代官となり、老骨に鞭打って奮闘した儒者がいた。

　その名は頼杏坪。兄の春水・春風とともに「三頼」と称され、儒者・文人としてその名を知られた杏坪の、実に五十八歳からの挑戦であった。

　頼杏坪は宝暦六（一七五六）年、安芸国賀茂郡竹原下市村（現在の広島県竹原市）に生まれた。

　杏坪は幼い頃から書に秀れ、明和元（一七六四）年、朝鮮通信使の一行が忠海（竹原市）に寄港した際には、叔父の伝五郎に連れられて忠海に行き、一行の前で能筆ぶりを披露し、一同を驚嘆させたという。

　天明元（一七八一）年、兄春水が広島藩に出仕することになったため、翌年に広島へ移った。さらにその翌年には、兄春水が藩主浅野重晟《しげあきら》の世子斉賢《なりかた》の侍読として江戸に赴くことになったため、杏坪も春水に従って江戸に遊学することになった。江戸では、闇斎《あんさい》学派の服部栗斎《りっさい》に就いて朱子学を学んでいる。

杏坪の江戸遊学は一年で終わりを告げ、天明四（一七八四）年九月、帰国の途についた。翌年八月、広島藩に召し出された杏坪は御儒師として学問所勤務を命じられた。以後、杏坪は四十余年にわたって広島藩に出仕することになる。

頼杏坪が広島藩に登用された天明五年当時、第十一代将軍徳川家斉の政権下では田沼意次による重商主義政策が進められていた。しかし、当時は凶作による飢饉が続いたため、各地で一揆や打ちこわしが頻発するなど不穏な空気が漂っていた。やがて田沼意次が辞職し、松平定信が老中として「寛政の改革」を断行していく。

その幕藩体制建て直しに取り組む定信の理論的支柱となったのが「朱子学」であり、広島藩において気鋭の朱子学・頼春水と杏坪の兄弟が登用されたのも、そうした時代の風潮が要請したものであった。

天明年間は全国的に飢饉が続き、広島藩においても天明初年から八年頃にかけて天候不順による凶作が続き、とりわけ芸備北部地域の被害は深刻であった。

天明六年には農民二百人余が川北村（現在の庄原市）に集結し、山に立てこもった。その後、一揆勢は近隣の農民が呼応したことで膨れあがっていき、五千人にまで達した。藩当局との対峙がしばらく続いたが、農民側が願書を提出したことでようやく鎮静するに至った。

しかし、再び一揆が起こる懸念を払拭できなかった広島藩は、翌年、一揆の首謀者を捕らえ、斬首に処している。

広島藩に登用されて間もない杏坪にとって、この事件が疲弊困窮した農村の現実を直視する契機となったことは間違いない。そして二十数年後、行政官として郡政の最前線に飛び込んでいくことになる。

杏坪登用当時の藩主は浅野重晟であった。重晟は緊縮財政を徹底させ、「節倹政治」に努めていた。天明七年に松平定信が老中のトップとなって幕政改革に着手し厳しい倹約令を布令すると、広島藩でも倹約令の徹底化が図られた。その一方で、国内の商品生産を奨励し、国産自給化政策を推進している。

寛政十一（一七九九）年、藩主となった浅野斉賢は父重晟の政策を引き継ぎ、緊縮財政と国産自給化政策をさらに推進させていく。こうした藩の基本方針が明確にされているなかで、杏坪は時に真っ向から反対意見を建議しながら、民生の安定を求めて奔走していくのである。

第二節　頼杏坪の政治論と実践

政治理念

天明五（一七八五）年、頼杏坪は「御儒師」として広島藩に登用された。朱子学者である杏坪は、理想とする「仁政」を実践する機会を与えられることになる。

儒者として登用された杏坪は、早くから藩の勘定奉行吉川禎蔵から郡政についての意見を求められ、しばしば意見を述べている。吉川も勘定奉行として杏坪の学識を藩政に活用しようという意図から、藩の上層部に杏坪を推薦している。天明七年、杏坪は藩当局に対し郡政のあり方についての意見書を提出した。

この意見書の中で杏坪は支配者の立場について言及し、「義と利の両端」が郡治の大綱であるという。ここでいう義とは正義、すなわち人として為すべき正しい道、利とは利益の追求を意味している。義と利のバランスをいかに保つかが為政者の至上命題であるという考え方に立って論を展開していく。

意見書では、「遊民を糾し、貪吏《たんり》をしりぞけ、農を勧め、賦を薄くする」という四条の中でも特に「薄賦」について詳しく述べている。ここで杏坪は、郡割・村割・町割などの年貢以外の負担が大きいのでこれを減らしていくことが急務であると説き、上（藩）の損益に関わらず下（人民）の利益となる方法があるとして、塩浜（塩田）の運営方法などを例に挙げている。後に杏坪は、自らの理論に基づき、意見を進言することになる。

救民

杏坪が代官として赴任した当時、三次・恵蘇の両郡は疲弊が著しく、困窮する領民を救済することは急務であった。当時、広島藩では飢饉に備えて米を備蓄しておく社倉が設けられていたが、必ずしも効果的に機能していない面もあった。

現在、「救民漢牘《きゅうみんかんどく》」と題された杏坪の手紙の草稿が遺っている。これは、飢えに苦しむ人々の救済についての杏坪の考えを述べたものである。この手紙の中で杏坪は、山県郡の切迫した状況と、米を備蓄する社倉法が有効に機能していないことを指摘している。そしてそれを受けて、貧富の格差が厳然として存在することを直視し、飢えに苦しむ人々を救うための「賑恤《しんじゅつ》」策を主張している。

杏坪は中国の方法を参考にし、郡民を「極富・稍富・稍貧・極貧」の四等に分けながら論を展開していく。「極富」とは財産と仕事を持つ富豪。「稍富」とは、仕事は持っているが貯蓄が十分でない者。「稍貧」とは、財産や仕事が十分でなく生活に困窮しがちな者。

「極貧」とは、身寄りもなく病気がちで逼迫した困窮生活を送っている者をいう。杏坪は、その格差を少しでも縮めるために「極富」が「極貧」を援助し、「稍富」が「稍貧」に安価で米麦を売り、藩費で不足分を補うことを提案していく。すなわち「所得の再分配」の徹底である。

郡政を担う立場にあった杏坪は、郡部の困窮を救済するのが藩の急務であると認識し、藩当局へも積極的に建議していく。しかし、困窮する領民をあわれむこともせず、いくら飢えても恵みをもたらすことを考えないような役人が幅を利かせている状況では、彼の意見が受け入れられることはなかった。

こうした藩内の情勢を認識したうえで、杏坪は、救民のために自らの意見を積極的に進言していく。

文化十一（一八一四）年、杏坪は「三次恵蘇郡救方に付申上る覚」を藩に提出する。当時、三次・恵蘇両郡は、人民が減少することで手に余る土地が増え、その結果「荒地悪田」が増えるという悪循環に重い年貢が追い打ちをかけるという泥沼に陥っていた。杏坪は、こうした両郡の状況を改善する第一の応急措置は「御免下ケ」すなわち年貢を軽減することであり、それにより荒れ地の多い奥郡と新開の田畠も多い里郡との貧富の差も平均化することであると主張する。

そして、難渋にも軽重があるので、郡内村こぶり（検地のやり直し）により免の上げ下げを決めるとともに、貸付米銀を御捨（免除）することを求めている。

さらに、文政元（一八一八）年、困窮する民を救うために杏坪は「鰥寡孤独《かんかこどく》救方に付申上る書付」を提出する。杏坪は、配偶者や子を亡くして親類や扶助してくれる者もない六十歳以上の男女と、両親を亡くして親類や身寄りもなく、路頭に立つよりほかない十五歳以下のこどもを「鰥寡孤独」といい、「四窮民」として救済の対象にしている。

三次市に現存する頼杏坪役宅・運甓居《うんぺききょ》

救済にあたっては、「公物を願卸し右救方に仕向候儀者容易ニ御許容も難被成（編者注：公金などを救済につかうことはなかなか難しい）」状況であったため、杏坪は「私自力を以下方撫育《ぶいく》之筋（編者注：自分個人の力による救済の方法）」を取り計らおうと、思い切った行動に出ようとした。
それは、先年来からできるだけ倹約し少しずつ増えてきた貯えがあるので、米百石分を三次・恵蘇両郡に回し、十年間無利息で貸し付けると、村方が運用して得た利息がおよそ一年で二十石ばかりになるので、それを救済の財源に充てようという案であった。代官が〝自分物〟すなわち自分の財産を拠出しようとした旧例はないが、自分は元々郡の中にいる者であり、このように代官に取り立てられたという例もないので、「格別」を以てお聞き届けいただくように願いたい、と杏坪は記している。この旧例に捉われない柔軟さこそが、杏坪の真骨頂であろう。

次に、「賑恤」のために杏坪が実施した柿の木の栽培について紹介しておきたい。

充糧碑

文化十（一八一三）年に三次・恵蘇両郡の代官となった杏坪は、飢饉に備えての食糧政策として、恵蘇郡の山内十九か村に柿の木三千本を植えさせた。この柿は文政十二年頃には実をつけた。これを記念して、翌年三月には日吉神社境内に「充糧碑」が建てられた。

この碑は、方十九センチ、高さ百四センチの花崗岩製で、「充糧碑　課民種柿至三千四十六株　文政庚寅春三月立」と刻まれている。

時に杏坪七十五歳。三次町奉行に昇進していた。

土地政策論

杏坪が三次・恵蘇郡の代官となった当時、両郡では鉄山業が衰退して鉄の値段が下がった。そのために鉱山で働く人が減り、人口が減ったために田畠は荒地が増えて年貢が払えなくなった。その結果として借り入れ銀が増えて村全体が困窮し、流民となって他所へ流出する人が後を絶たないという、悪循環の連鎖を断ち切れないまま身動きが取れない状態にあった。

それに対して芸藩南部の瀬戸内海沿岸部地域は富裕であり、北部山間地域との経済格差は深刻な問題であった。杏坪はこの南北格差を人間の身体に例え、左半身は肥って力強いが、右半身はひどく痩せ衰えて手足も十分に動かせない状態であるという。藩としても救米銀を拠出するなどの対策を採ってはいたが、抜本的な解決となるものではなかった。

では、この「南北問題」を打開するための妙薬はないのか。

杏坪は、沿岸部の富村からの税収を増やし、その分を山間部の貧村に補助することを主張する。土免（土壌の善し悪しを基準に徴租額を決めること）はもとよりその土地の盛衰に応じて上下するのが法則であると説く。論語にいう「均しければ貧しきこと無し」というのが杏坪の基本認識であった。現実に発生している格差を直視したうえで、杏坪は定免制（あらかじめ年貢量を決めておき、一定期間は既定の年貢量を徴収する方式）を止めて土免制に復帰することを主張したのである。

土免制による不公平税制の是正を目指すとともに、「地こぶり」の実施を提案した。「地こぶり」とは、改めて検地を実施し、現実の土地生産力に応じて租税を賦課する方法であるが、行政官として杏坪はどのように取り組んだのか。『老の絮言《じょげん》』の記述を紹介しよう。

① 文化十三（一八一六）年、奴可・三上両郡増支配となった時、三上郡本村を地こぶりすることになっていると聞いた杏坪は、手代筆頭の藤田伊平太に土地の広さを正確に測るための竿を二回打つのかどうか尋ねた。伊平太は「二回打てば不益であるし、念を入れて行えば打ち損じはありません」と答えた。杏坪は「宮内村の保右衛門という男が竿打ちの巧者と聞いたので、この男を呼ぼう」と提案したが、「それには及びません」と伊平太は強く言う。杏坪は、新参だからと遠慮してしまい、結局この年の四月には、本竿しか打たなかった。ところが、結果は打ち損じてしまい、年貢の斗代が上がってしまった。これには役人たちも気の毒がり、打ち直したいと申し出たが、他村も多少は不均衡なところもあるし、打ち直すと言えば他村から自分たちの村も打ち直してくれと要求が出るかもしれない。ここは見合わせるしかないということになってしまった。

②奴可郡森村では田地不衡平で貧民が多かったため、庄屋貞右衛門らが協議して地こぶりを願い出た。そこで杏坪は、再び吉村左介を派遣した。村民の中でも得田（土地の状態がよくて、年貢が安い田）を持つ者は露骨に嫌がり、左介へ直接（地こぶりを実施しないよう）投書する者まで現れた。これにかまわず地こぶりを実施したところ、田租が平均化して租税も下がったので、藩の賑恤も必要なくなった。この時も本村で地こぶりを担当した人を採用したが、本村での失敗を肝に銘じたのか、竿を二回打ったという。

③三上郡春田村では、貧民は地こぶりを願う声が多かったが、得田を所有する農民の抵抗が大きかった。春田村の庄屋与七郎は得田を多く所有していたが、自ら率先して地こぶりを願い出たので、他の者もすぐに同意した。この時も二回打ったので、成果は上々であった。

④恵蘇郡山内組の上村は貧民が多く、毎年賑恤を受けることでようやく飢えをしのぐような有様であった。上村の善右衛門は、地こぶりを行えば大いに村の利益になると考えた。しかし、善右衛門が言い出したと聞けば村内の富民は反対するだろうと考え、石田正二を入郡させて実施させた。恵蘇郡には地こぶりを行ったことのある者はいなかったので、奴可・三上郡から手馴れた者を雇い実施した。地こぶりは大きな成果を挙げ、貧民の利益も大きかった。費用もかかったが、村内でうまく融通し、すみやか

に償還することができた。その後は藩の賑恤を仰ぐことはなく、土蔵を持つ民家も増えていったという。

最初こそ失敗もあったものの、杏坪の推進した地こぶりは貧民の利益となった。その一方で不満を持つ者もいたことを、杏坪は郡民から聞いていた。

それでもなお杏坪は領内一円における地こぶりの必要性を主張する。非常に困難なことではあるが、これこそが「一年労して百年の安佚《あんいつ》（編者注：安心した暮らし）を定める美政」である。上の決断によって根気強く行われたならば下にも異変はなく、貧民はこぞって悦ぶであろうといい、富民も最初は異論があろうが、決して無理のない施策であるし、その趣意を懇々と諭して聞かせれば必ず信服するようになるだろうと楽観視している。総地こぶりは「天地神明の御心」にかなう御政道であると断言し、もし一部の反発をおそれてそのままにしておけば、国家の弊害はますます深くなると強調している。

綱紀粛正と支配機構の強化

朱子学者として教育に携わる立場にもあった杏坪は、政治に携わる立場にある人間にとって何が必要なのかを絶えず問いかけていた。

杏坪は、勘定奉行吉川禎蔵にあてた天明七（一七八七）年の意見書において、「安民之術に心力を尽」し、「身分を廉潔に」することが郡官に求められる資質であることを説いている。そして「恩威之両道」が下民を制する「要術」であるという。領民が領主の恩を感じ威を恐れているときには騒擾《そうじょう》が起きることはなく、恩と威のバランスが崩れることにより騒擾が起こるのである。

一 粉鉄をめぐる不正事件

郡政に関わる官吏には廉潔さが求められる以上、官吏の不正は許されない。杏坪は代官として不正には厳格に対処している。ここでは、文化九（一八一二）年に起きた粉鉄をめぐる不正事件の例を紹介しよう。

三次・恵蘇両郡の官鉄では、かねてから官鉄の手代が農民の差し出した粉鉄を「水引・沙引」と称して差し引くため、一駄半（一駄は約三六貫）の粉鉄を持っていかないと一駄の値にならないので鉄穴《かんな》稼ぎをやめる者が多い、と内々に訴え出る者がいた。

藩命を受けた杏坪は、文化九年三月に三次郡落合や恵蘇郡松木谷のたたらを検査した。粉鉄受けの帳簿を調べたところ、前年の十一月から十二月にかけて雲州から粉鉄を購入し、代銀を渡したように記載されていた。山を下りた杏坪は村役人に尋ねた。役人等は「十一月以後の山道は雪が深く馬の脚が立たないし、その頃出雲の方から（荷を積んだ）馬が通ったのを見たことがない」と証言した。

不正を確信した杏坪は直ちに三次へ引き返し、松木谷たたらの手代良助を逮捕した。確認のため出雲の鉄穴主へも問い合わせたが、以前には粉鉄を少し送ったが、その頃（十一月以後）は一駄も送っていない、とのことであった。

確証を得た杏坪は直ちに良助を訊問し、粉鉄の数をおよそ千四百～千五百駄も偽り、藩の御銀を詐取したことを白状させた。詐取した銀は、一部は表に出せない入用に使い、他は私的に流用していたという。数を偽った分は領民から上がってくる粉鉄を「水引・沙引」という低い評価で買い叩くことで粉飾していたことが明白であったため、良助は入牢を申し渡された。

こうした不正は良助だけではないとの情報もあり、落合・吸谷・竹知谷などのたたらの手代を連行して訊問したところ、いずれも良助同様の不正を働いていたことが明らかとなった。その結果、良助をはじめとする手代たちはいずれも追放された。

その後、水を乾かし砂をよく揺すって粉鉄を受け取ることが徹底されるようになり、取り方が改められて不正がなくなった。そのため、その後、三次・恵蘇の二郡では納められる粉鉄が二万五千駄も増えたという。

二　大割庄屋寛右衛門の摘発

郡政は郡官だけが担うものではなく、村役人も大きな役割を果たさなければならない。杏坪は郡官だけでなく村役人に対しても廉潔さを求め、村役人の不正に対しては容赦なくこれを糾弾した。恵蘇郡の大割庄屋寛右衛門の摘発は、仁政の理想を掲げた行政官頼杏坪の面目躍如ともいうべき事件であった。

恵蘇郡の大割庄屋寛右衛門は、他所出や苗氏帯刀まで許されていたが、かねてより悪評が流れていた人物であった。この寛右衛門を吟味するよう命じられた杏坪は、直ちに尋問を行った。

寛右衛門の一連の所業は天をも恐れぬものであったが、「天網恢恢《てんもうかいかい》、疎にして漏らさず（編者注：天の網の目は粗いように見えるが、悪事をした者は必ずとらえて逃すことはない）」という結果に終わったことは、まさに痛快であった。ただ、村役人の不正は寛右衛門一人のことではなかった。

文化十一（一八一四）年五月、入郡した杏坪は恵蘇・三次両郡の大庄屋を任命し、両郡の村役人数十人を更迭した。綱紀粛正を徹底させようとした杏坪であったが、それでも大庄屋の一人・下布野村の平三郎は何もせず、遊びなまける者で、後には借金に困って不正を働き、出奔したという。杏坪は「これも一つのあやまりであった」と述べているが、村役人の人選は難しい問題であった。

三　役人を選ぶ基準

では、どういう基準で役人を選べばよいのか。杏坪は次の四点を挙げている。

第一其者性質美悪、第二家筋之高下、第三身帯之厚薄、第四才力之巧拙、此四科を以相考選出し可申

きわめて合理的な思考の持ち主であった杏坪の仕事ぶりは実に緻密であり、村役人選任

にあたっての提出書類の雛形まで書き残している。

たしかに、村役人の堕落は頭の痛い問題であった。民の難渋を理由に藩の米銀を不正に受け取る事件は跡を絶たなかったが、そうした不正を助長したのは代官所の役人であった。村役人の言葉を鵜呑みにし、チェック機能を果たせなかった彼らの責任は大きい。

役人たちの不正は、支配機構を抜本的に見直さなければ解決できない問題であった。

四　「郡御用屋敷」の設置

最後に、杏坪の建議が採用された数少ない事例の一つでもある「郡御用屋敷」の設置についてみていきたい。

「郡御用屋敷」は各郡の役所を統合した庁舎で、文化十一（一八一四）年に建設された。領内十六郡を九郡に分けており、安芸国分は、安芸郡・沼田郡一局、佐伯郡・山県郡一局、高田郡・高宮郡一局、賀茂郡一局、豊田郡一局の計五局、備後国分は、御調郡・甲奴郡一局、世羅・三谿郡一局、奴可郡・三上郡一局、三次郡・恵蘇郡一局の計四局に分けられた。

当初、勘定奉行の考えでは十六郡を一つにして代官や手附の人数を減らそうとしていたが、「それぞれの地域にはそれぞれの風俗や伝統などがあり、一つに支配することには善い面も悪い面もあることを考慮すべき」という杏坪の建議が採用された。

屋敷の建設にあたっては杏坪の書いた絵図面が採用され、杏坪自身が上梁文を撰している。この「郡御用屋敷」に掲げられた宋石銘の額には、次のように書かれていた。

爾俸爾禄　民膏民脂　　下民可虐　　上天靡欺
（爾の俸　爾の禄は　民の膏　民の脂なり
　下民は虐る可くも　　上天欺くは靡し）

この額には、民の利益と生活の安定を願い、難儀する弱者を苦しみから解放したいという杏坪の思いが投影されている。公僕たる者、肝に銘じたい言葉である。

二十一世紀を迎えた現在、続発する汚職事件や昨今の消えた年金問題などを目の当たりにすると、人間の本質は杏坪の生きた時代から何も変わっていないことに気付くだろう。廉潔を忘れた貪吏には行政に携わる資格はない。杏翁の意見は、今日においてもなお傾聴に価する。

第三節　頼杏坪の経済論

「量入為出」

杏坪は、経済の基本的な考え方を「量入爲出」の四字で表わしている。「量入為出」とは、一年の収入を把握したうえで支出を制限しながら、余力があれば貯蓄する方法である。

杏坪は基本的に「緊縮財政論者」であった。これに対し、緊縮せずに「臨時の利」によって財政を補填しようというのが「差繰（編者注：やりくり）」と呼ばれる方法である。この差繰について杏坪は、「上の入用に節限なければ、いかはかり臨時の利をおこしても足ることはなきなり」として批判する。

下の物を取り集めて差し繰ったとしても、何ら問題の解決にはならない。杏坪はこれを「聚斂《しゅうれん》之政」といい「末世之風」であると断じ、上の入用に際限なければ問題は根本から解決できないと説いている。

悪化する藩財政に対する具体的な意見として、借米すなわち家中上げ米（俸禄の何割かを藩府が借り上げること）や利倍銀（藩から郡村へ貸与される貸付銀）を停止、当時毎月興行が行われていた厳島の富くじを従来どおり年二回の開催として負担を軽減することを進言した。財政健全化のためには、あくまで根本である「量入為出」、緊縮財政政策を徹底していくことを主張していくのである。

「量入為出」を十分に機能させるためには、農村が荒廃することなく、安定した再生産体制を維持していくことが不可欠である。農民が利益を上げることが結果として藩を支える経済基盤である農村を安定させることになるというのが杏坪の基本認識であり、後述するような専売制についての主張もその延長線上にある。

「売米之事」

幕藩体制下の経済を支えていたのは「米」であった。

広島藩では、正金銀を獲得するために年貢米をすべて大坂に輸送していた。その輸送には当然運賃がかかり、負担は大きかった。これに対し、杏坪は塩浜での飯米や酒造米として米を求めている人に正金銀で年貢米を販売してはどうかと提案している。

杏坪は、一例として竹原塩浜を挙げている。文政元（一八一八）年、竹原浜の塩は約三万俵が大坂で売れ、代金は約千五百～千六百両であった。これを持ち帰って他所の米を買い上げ、残りを藩の銀札に両替しないと使えないのでは「不便極まりない」というのが杏坪の意見であった。

そこで、塩を売った代金を大坂蔵屋敷へ納めて為替を組み、その代わりに浦辺の御蔵所から直接米を払い下げるようにすればよい、と提案する。

広島藩では、年貢を皆済するまで余った米を売ることを禁じていた。年貢を皆済する十二月下旬に至って初めて米を売り捌《さば》くことができるため、農民は難儀をすることになる。そこで杏坪は、全部でなく一部でも皆済した郡があればその郡に限って米を売ることができるようにすれば、上納銀などの支払いも早く済み、結果として全体の利益になると進言した。また餅米についても、藩の御用餅が皆済すれば自由に売り捌くことができるようにすることを進言している。杏坪は、現行の制度が結果として「抜け売り」という藩法に違反する行為を誘発している実態は立法の趣意に反すると主張しているが、領民の利益を第一に考える杏坪の「民本主義」は徹頭徹尾一貫している。

専売制廃止論

広島藩では、文化年間から特産物の生産から流通までを一貫して管理下に置く「専売制」が採用され、鉄・板・材木・紙のほか油・藍などが対象となっていた。文化十四（一八一七）年には勘定所に諸品方（産物方）を設け、ここから生産者に資金を貸し付け、生産物を買い占めて江戸・大坂へ流通販売を行うシステムが確立した。

確かに、国内の物産を藩が買い上げて販売することは全体の利益になりうるものである。しかし、農民に資金を貸与して生産物を安く買い叩いているのが実態であり、これでは搾取というしかない。

こうした藩の政策に対し、杏坪は専売制の廃止を主張する。これは「ある程度自由を認めることによって民が利益を上げることが、結果として公の利益となる」という考え方である。この杏坪の考え方を最もよく表わしているのが「商たたら」の主張であろう。

中国山地で生産される鉄は、早くから専売制が採用されており、元禄九（一六九六）年にまでさかのぼる。この時から藩内の鉄はすべて藩の鉄座が買い取り、正徳二（一七一二）

年には三次・恵蘇両郡のたたらや鍛冶屋はすべて藩営となり、享保三（一七一八）年には奴可・三谿郡も藩の支配下に置かれた。

これに対し杏坪は、（三次・恵蘇郡のような）寒郡は稲一作だけであり、鉄業の外に「浮稼筋」（収入源）がなく、凶作になるようなことがあれば、飢えと寒さのために騒擾にも及びかねない。たとえ騒擾に至らなくても流民となる者が現れてくるだろう。

それは「不仁」なことである。領内には「鉄炭」という二物がたくさんある。せっかく天から授かった伝統的な産業を持ちながらこれを衰微させたのであれば、それは「不経済の至り」でしかない、と主張する。ここでも、農民の生活の安定すなわち持続可能な再生産体制の維持こそが藩財政の根幹であると捉える杏坪の基本認識は一貫している。

杏坪は、官鉄は元来下の利を上へ取り上げる「収斂之弊政《しゅうれん》」であると断じている。藩営であっても村方や役人の不正を糺《ただ》し、鉄方頭取にしかるべき人材を登用するのならよいが、そこが不十分であれば旧習を改めることができない。

そこで杏坪は、思い切って正徳以前すなわち藩営化以前の状態に戻し、村へ払い下げて商たたらを認可すべきだと主張する。商たたらを認めることにより生産性が向上し、他所売りできれば藩全体の利益になると説いている。

杏坪は、文化九（一八一二）年に三次・恵蘇両郡の藩営鉄山で不正事件が起きた際、藩から派遣されて真相の糾明に当たっている。そうした経験から、鉄山民営を持論としていた杏坪であったが、三次・恵蘇・奴可・三上四郡の代官を兼ねるようになってからは、村民の難渋を救うとともに、国益の一助にもなる方策を考えるようになっていった。

文政十（一八二七）年、奴可郡の板倉銀右衛門が同郡小奴可村に所有する板井谷鉄山の代官所受を申し出たことに対し、銀右衛門からの代官所受の願いを聞き届けた方がよいとする意見を述べているのもそうした姿勢の表れである。鉄山の利益を「御救方御仕向之用ニ取用ひ候様」にし、「下方之潤」にしたいというのが杏坪の願いであった。しかし、結果として杏坪の意見は採用されず、「御鉄方江直ニ引渡し候様」仰せ下された。あくまで「国益」を至上とするのが藩上層部の基本認識であった。

杏坪の専売制に対する認識は一貫しており、紙の専売統制についても緩和を主張している。

広島藩では早くから生産者に元銀を貸し与え、農民が生産した紙を買い上げる制度が確立し、延宝二（一六七四）年には御紙蔵が設けられた。藩内の皮楮はすべて公定価格で藩に買い取られ、「抜け楮《こうぞ》」の流通は許されなかった。紙を漉《す》く村は数量を指定して申請した上で紙蔵から楮の交付を受け、できあがった製品は公定価格で藩に買い取られた。この公定価格による強制買い取りという制度の下では、抜け楮・抜け紙により利益を求める者が後を絶たず、それによって藩の統制がさらに強化されるという悪循環に陥っていた。

代官であった杏坪は御紙方に申し入れ、余分の紙を他所で売ることを許可してもらった。

しかし、郡中の楮は全部紙方が買い上げてしまうので仕方なく農民は他領の高い楮を買い入れて紙を漉くから採算が取れず、仕方なく恵蘇郡から抜け楮を買って咎《とが》められることになるのである。こうした状況は専売制があるかぎり何も変わらないのである。

結局、専売制に対する杏坪の意見は、殖産興業と専売制による国益の増大を目指す藩中枢部に受け入れられることなく、むしろ専売制は強化されていったのである。

休浜法

杏坪は藩当局に対しさまざまな建言を行ったが、その意見はなかなか受け入れられなかった。その中で、藩当局に採用された数少ない施策の一つが「休浜法」の実施である。

文化八（一八一一）年六月、杏坪は藩当局に「休浜法」の実施を建議した。この建議は藩当局に採用され、休浜取締規則が定められ、浜一カ所に一人ずつ休浜目付を置いて監視させることになった。

休浜法とは、生産の過剰によって塩の価格が低落することを防ぐことを目的とした法である。冬の間、三〜四カ月ほど塩田の稼業を中止して生産量を調整し、価格の維持と上昇を図るとともに、経費節減を図る狙いがあった。

杏坪は竹原にいた頃、安永六（一七七七）年から兄春風とともに塩田経営にあたっており、休浜法については熟知していた。『老の絮言』における杏坪の記述は実に細かい。彼は次のように説明している。

塩浜一カ所で年間を通して営業した場合、生産量は十万俵である。生産が過多になると値段が下がり、一俵が銀三匁で売れたとして利益は銀三百貫匁となる。塩の生産に一俵あたり三匁の入用（コスト）であったとすれば利潤は無く、運上銀（租税）も捻出できないため、生活は困窮する。

これに対し、三～四カ月休業して生産量を八万俵に落とせば値が下がらず、一俵を銀四匁で売れれば利益は銀三百二十貫匁となる。生産量が二万俵少なくなることでかえって利益（銀）が多くなる。そのうえ、二万俵分の経費を節約できたことにより利潤が増えて、運上銀も支払うことができ、暮らしも豊かになる。休浜を実施することが利益を生むことになるので、国内の生産性が低下したとはいえないというのが杏坪の主張である。

塩づくりは、薪を使って焼かなければ塩にならない。雨が少ないと、この機会を逃さず少しでも塩を多く作ろうとして薪を大量に使う。その結果、生産過多となって塩の値が下がり、逆に薪の値段が高騰する。休浜は塩の値段が下落することを防ぐが、逆に生産量を落とし過ぎれば値上がりして買主の迷惑になるのである。

塩の生産量について綿密に計画を立て、価格の変動を見極めながら休浜の月数を増減し、価格が高からず低からず安定すれば、それが売り手買い手双方にとって最良なのである。

この休浜法は、値段をできるだけ安定させる方法であった。松平定信以来幕府が「御囲籾」を諸国に命じたのも、市場に出回る米を減らして米価が下がらないようにしたのも、漢の糴糶《てきちょう》法や常平倉の法から出てきた政策であった。

第四節　教育者頼杏坪と領民教化

広島藩では封建支配の動揺を認識し、支配強化を目的として教学の奨励が図られた。天明元（一七八一）年には学問所が創設され、杏坪の兄・春水が登用された。幕府が林家に対して発した異学の禁令に先立つこと五年前、天明五（一七八五）年には学問所の教育は朱子学派に統一されたが、春水が中心的役割を果たしたことはよく知られている。

春水の弟である杏坪も朱子学を奉じ、学制が朱子学に統一された天明五（一七八五）年に登用されている。寛政二（一七九〇）年、三十五歳の時には『原古編』を著して荻生徂徠らの説く古学を批判し、朱子学こそが真に古来の学問の精神を伝えるものであると主張している。

杏坪は、著述を通じて領民や藩士の教化に取り組んだ。特に、「法帖」（書の手本）という形式を採用したのは、能書として知られた杏坪の技芸を生かしたものとして特筆される。『諭俗要言』は中国（宋）の儒学者・陳襄の教えを和訳したもので、文化十四（一八一七）

年に出版された。本来は習字の手本として作られたものであるが、内容が儒教道徳を分かりやすく説いたものであるため、字を学ぶ間に自然に道徳を身につけることができるように配慮されている。広島藩の領民に頒布され、民衆教化に利用された。杏坪の社会教育に関する意見をうかがうことができる資料である。

文政七（一八二四）年に成立した『食禄箴《しょくろくしん》』も、『諭俗要言』と同様に習字の手本としてまとめられたもので、主君に仕え、公務に携わる者への訓戒を述べている。

『芸備孝義伝』は、広島藩領内の孝子・義人のなかで藩から表彰された者について、その略伝をまとめたものである。七代藩主浅野重晟が、頼春水・杏坪に編集を命じ、初編は享和元（一八〇一）年に発行された。挿図は藩の絵師・岡岷山による。幕府に献上するとともに、領内の割庄屋、町年寄に配布し、民衆教化のために利用された。初編につづいて、二編、三編、拾遺が刊行され、合計三十五冊となった。

こうした孝義録の刊行は各地で行われたが、その嚆矢は幕府の『官板孝義録』の刊行である。寛政元（一七八九）年、老中松平定信は『孝義録』編集のために資料を蒐集して書上提出するよう布達した。編集作業は、昌平儒官の林述斎・柴野栗山・尾藤二洲・古賀精里らを中心に進められ、寛政十二年に完了した。『孝義録』には善行者八六一四名が収録されており、国別にまとめられている。ここでいう「善行」は、孝行・忠義・貞節・睦者（兄弟・家内・一族）・風俗宜・潔白・奇特・農業出精、と多岐にわたっている。

『芸備孝義伝』は、享和元（一八〇一）年に京都において発行された。しかし、その版木はそのまま書林の北村庄助に預けられたままで、京都で摺ったのでは高値になってしまうため、藩内で売り広めるためには版木を取り寄せる必要があった。そのため杏坪は、版木を京都から取り寄せて売り広めることを藩に願い出ている。

第五節　郡政の成果と課題

文政十二（一八二九）年、杏坪は奴可・三上・三次・恵蘇四郡を巡回し、見分した結果を詳細に報告している。ここでは報告書の内容を要約してみよう。

四郡の村々は「一統静謐」で諸作物もよく出来、総じて稲作は豊作の様子であった。社倉法や鉄業も相変わらずに行われており、鉄の値段も良好である。

三次・恵蘇両郡は落ち着いており、先年のような不穏な騒ぎ立ては見受けられない。奴可・三上両郡は先年の巡覧時には衰弱していたが、藩命により同僚や手附たちと力を合わせ、領民にも便利なように図ったからであろうか。

年貢を納められない農民が捨て去った田地は村々の大迷惑であったが、近年は流民も居着き、無主地も減じてきている。去年の人数調べでは奴可郡で人口が七百人増えている。

しかし正徳年中に奴可・三上両郡の人口を調査した時と比べると六千四百二十人も減少しており、なかなか古昔に立ち戻るのは難しい状況である。

「年々御仕向之米銀」すなわち賑恤は減少しているが、奴可郡の九カ村（未渡村・宇山・戸宇・久代・内堀・平子・栗・大屋・中迫）は今もって「御捨米銀」を頂戴しなくては立ち行き難い状況にある。三上郡の本村上中下三組・峰村下組も同様であり、三次郡・恵蘇郡などにも「御仕向」を頂戴して凌いでいる村がある。

恵蘇郡の内、山内組はこれまで難渋していても救済の工夫がつかず、十年前に柿の木三千本を植えさせたが、この柿が実をつけているものもあり、行々は貧民を救う一助となるであろう。

奴可郡帝釈に煙草入札払興行（市）を立てているが、見分したときには他領からも多くの商人が入り込んでいた。その後締合（統制）がよく、郡村の利益になっているようである。

自らが見分した四郡の現状をこのように藩へ報告した杏坪であったが、これらは「畢竟皆小利ニ而御座候」であり、「永々御安心」という状況に至るのは困難であるという認識を示している。こうした認識をふまえて、杏坪は、人口が多く豊かな地域から新規に税を徴収し、その十分の一だけ難渋する地域の税率を下げること、すなわち「累進課税」という政策を建議する。農民の負担を軽減し、生活が成り立つようにしなければ農村の復興はありえない。この杏坪の建議には、「十六郡の人数増減寄せ書」が添付されている。南北格差の現状を具体的なデータに基づいて論証したうえで、対応策を展開しているのは、「理」を重んじる「朱子学」を奉じる杏坪の面目躍如であろう。

文化八（一八一一）年に御納戸奉行上席格の郡役所詰となって以来、杏坪は困窮する北辺四郡の現状を打開しようと自らの意見を積極的に建議した。しかし、農村復興策としての「地こぶり之事」や「惣検地均田之事」を何度も申し上げたが、何の反応もないという有様であった。また、持論の藩専売制廃止論も藩の方針とは合致せず、結局採用されることはなかった。

杏坪の建議の中で採用されたのは、前述の「休浜法」や各郡の役所を統合することで支配機構の強化を図った「郡御用屋敷」の設置、藩主浅野重晟の墓所を国泰寺ではなく儒教の喪礼に基づいて城北の新庄山とする「御葬地之事」など数えるほどであり、杏坪の目指した抜本的改革は望むべくもなかった。それでも杏坪は老骨に鞭打ち、政務に邁進することをやめなかった。

第六節　頼杏坪の無念と諦観

最後に、文政五（一八二二）年以降の杏坪の事跡を簡単に紹介しておこう。

文政七（一八二四）年には、習字の手本という形で公務に携わる者への訓戒を述べた『食禄箴』を著している。

文政八（一八二五）年には広島藩の地誌である『芸藩通志』を完成させた。それまで広島藩の地誌としては、寛文三（一六六三）年編纂の『芸備国郡志』があったが、それを手直して『芸藩通志』を編纂することが計画された。各町村から提出された下調べ帳をもとに、杏坪が中心となって編集し、この年に全百五十九巻が完成した。杏坪は、『芸藩通志』の写しを作ることなどを藩の上層部に提言している。各郡の代官の手許に写しを備え、政治の参考にすることを意図していたのである。

同年九月十二日、兄春風が七十三歳で没した。

文政十（一八二七）年二月には、山陽の母梅颸《ばいし》、達堂（春風の孫）とともに、京坂に向かった。大坂で頼山陽の出迎えを受けた一行は、以後五月に帰国するまでの間、京都や吉野など各地に遊んだ。この時、杏坪は帳面を持参しており、自作の詩や和歌を記すとともに、各地で出会った文人墨客に詩歌や絵画を書き込んでもらった。

また、この年には竹原の文化発展に寄与した二十名を選び、これを祭神として奉祀した郷賢祠《きょうけんし》を建立した。頼家からも惟清と春風を選んでおり、明治になってから杏坪自身も追祀されている。

文政十一（一八二八）年には、郡廻本役の三次町奉行に昇進し、役宅・運甓居《うんぺききょ》で執務にあたった。この運甓居の名は、中国の東晋時代に広州の役人を勤めていた陶侃《とうかん》が、毎朝夕に百枚の甓（敷瓦）を運んで体力を鍛え、有事に備えたという故事にもとづいている。

竹原市に残る郷賢祠

天保三（一八三二）年九月二十三日、甥山陽が五十三歳で没した。

その翌年には、杏坪五十歳代の文化年間以降、晩年までの詩を年代順に収録した詩集『春草堂詩鈔』が出版された。

天保五（一八三四）年七月二十三日。杏坪は七十九歳の生涯を閉じた。

杏坪の墓は比治山安養院（現在の多聞院）にあり、妻玲瓏《ゆら》や兄春水夫妻らとともに静かに眠っている。

行政官として激務に明け暮れながら、杏坪は精力的に詩作に励んだ。その晩年、杏坪は自らの心境を次のような詩に詠んだ。

風は花の仇となり、雲は月の仇となる。いったい世の中の何物に、愁いのないものがあるだろうか。仕事は雪をかついでは深い井戸を埋めるようなものだし、官の勤めは潮流に逆らって大船を進めるようなものだ。多くの聖人は我が師であって、もともと自ら満足しており、満身みな道であるから、この上何も求めるものはない。私は窓辺の青竹をながめ、寝床のそばに置いた酒に親しみながら、自ら五畝ばかりの土地を治める「瀟灑侯（しょうしゃこう）」に任じている。

広島市にある頼杏坪の墓

「仕事は雪をかついでは深い井戸を

埋めるようなものだし、官の勤めは潮流に逆らって大船を進めるようなものだ」という句に込められた杏坪の諦観と無念の思いが痛いほどに伝わってくるではないか。

杏坪の致仕後、広島藩の経済状況は悪化の一途をたどっていく。彼の活躍した文化文政年間は、多くの問題を抱えながらも末期症状を呈するにまでは至っていなかった。杏坪の意見は、藩の制度を根本から見直し、体質改善を図ろうという「構造改革」を志向するものであったが、抵抗勢力ともいうべき現実主義者たちの前には無力であり、追い風が吹くことはなかった。

藩内の深刻な経済格差が表面化し、これを是正すべく頼杏坪が奮闘していた当時の広島藩の状況は、現在クローズアップされている「格差社会」や「ワーキングプア」の問題と相通じるものがあると思われてならない。

政治は誰のためのものなのか。

今こそ、〝救民の経世家〟杏翁・頼杏坪の意見を見つめ直してみてはどうだろうか。

［主な参考文献］

・重田定一『頼杏坪先生伝』（積善館、一九〇八年）
・頼桃三郎『近世文壇史話　詩人の手紙』（文化評論出版、一九七四年）
・『国史大辞典』（吉川弘文館、一九七九年）
・頼祺一『近世後期朱子学派の研究』（溪水社、一九八六年）
・勝矢倫生「文化後期広島藩における財政政策の位相―頼杏坪の意見書を機転として―」『尾道短期大学　研究紀要』第四十四巻二号（一九九五年）
・財団法人頼山陽記念文化財団「頼山陽史跡資料館開館一周年記念特別展　頼杏坪展」（展示図録）（一九九六年）
・頼杏坪先生伝を読む会「頼杏坪と運甓居―備北での足跡―」（菁文社、一九九九年）

［執筆者プロフィール］

花本　哲志（はなもと・さとし）

一九六六（昭和四一）年生まれ。広島県埋蔵文化財調査センター、広島県立歴史博物館を経て、頼山陽史跡資料館主任学芸員。

朝日丹波

苛烈な改革家
朝日丹波

本郷 満

PROFILE

江戸時代中期の松江藩の家老。藩が財政破綻するなかで、「御立派《おたては》の改革」と呼ばれる改革に果敢に取り組み、困窮にあえいでいた松江藩を構造改革と産業振興で見事に富裕藩に生き返らせた。改革時の藩主は文化大名として知られる松平不昧である。

第一節　松平不昧と朝日丹波

松江の文化を育んだ松平不昧

城下町の風情を色濃く残す松江が世に最も輝きを放ち隆盛を誇ったのは、七代藩主松平出羽守治郷《まつだいらでわのかみはるさと》（一七五一～一八一八）の治世以降の時期であったと言えよう。その時代に松江は、雲州松江藩における政治・経済の中心地としての繁栄に加えて、茶の湯と和菓子に代表される独特の文化の基礎を築いた。そのため治郷は今日でも「不昧《ふまい》さん」と親しみを持って呼ばれている。

しかし、治郷の父で六代藩主であった宗衍《むねのぶ》（一七二九～八二）の治世においては、十八世紀の幕藩体制下における諸藩と同様に、松江藩においても藩財政の逼迫は急速に深刻化し、藩領半減を覚悟せざるを得ないほどの危機を迎えた。このとき、存亡の危機に瀕した松江藩の財政を立て直す藩政改革に辣腕を振るい、その後の繁栄の基礎を固めたのが朝日丹波郷保（一七〇五～八三）である。

藩興隆の基礎を固めた朝日丹波

朝日家は雲州松平家の譜代の重臣である。代々、最高位の家老格を与えられ、藩主に代わり国政を担う仕置役《しおきやく》（当職ともいう）、すなわち執政に任じられる家柄である。朝日家の始祖で初代朝日丹波の重政は、初代藩主直政の越前大野時代からの家臣であり、直政の信州松本、雲州松江への移封に付き従ってきた者である。

重政から五代目の朝日丹波が郷保であるが、彼は、宝永二（一七〇五）年に松江に生まれた。七歳のときに父の遺跡千石を継ぎ、三十一歳となる享保二十（一七三五）年に家老に次ぐ中老格を与えられ、三十五歳となる元文四（一七三九）年に仕置添役《しおきそえやく》、四十歳となる延享元（一七四四）年には家老として仕置役を務めることとなった。このように、家柄に応じて出世してきた郷保であったが、仕置役に就任した翌年、成人した藩主宗衍が初めて雲州松江にお国入りして以降、思わぬ人生の転機を迎えることとなった。

宗衍は、国入り後直ちに、藩政の刷新と財政困窮の打開策を実行したが、延享四年に至り藩主親政による改革、いわゆる「延享の改革」を断行するに当たり、朝日丹波を仕置役から解任した。このとき、丹波は四十三歳の壮年期にあり、その後二十年の長きにわたって無職家老の地位に甘んじ、藩政の実権から遠ざかることとなった。

なお、藩主親政によるこの改革は、宗衍が抜擢した小田切備中尚足（一六九七～一七七九）を補佐役として執行された。

この改革が頓挫した後、負債の増大などにより藩財政はいよいよ困窮することとなり、とりわけ、宝暦十（一七六〇）年に幕府から命じられた比叡山山門普請手伝いが、藩政逼迫に拍車を掛けることとなった。この普請手伝いは、朝日丹波と小田切備中の二人の才覚を得たことにより滞りなく成就し、重臣が藩領半減をも覚悟した当面の危機は回避することができた。

しかし、これを機に、松江藩政は窮乏と混乱を極め万策尽きるまでに至った。この事態を打開するため、宗衍は隠退と世嗣治郷への襲封を決意し、藩政の立て直しを丹波に託した。壮年の丹波を仕置役から解任したのは宗衍であるが、藩政の危機が極まるに至って、明和三（一七六六）年、還暦を過ぎ六十二歳に達していた丹波を治郷の後見役に任じ、更に仕置役への復帰を命じたのもまた宗衍であった。

苦節二十年にして藩政の実権を掌握する仕置役に復帰した丹波は、翌年の藩主交代と同時に、「御立派の改革」と称して藩政刷新政策を次々と断行した。これが奏効して、松江藩は諸藩の中でも特に豊かな藩へと変貌し、治郷の治世における文化の開花を実現することもできたのである。

藩政改革の両雄〜小田切備中と朝日丹波〜

貨幣経済の浸透により農民や商人の富裕層が台頭し、年貢収入に基盤を置く幕藩体制にほころびが見え始めた十八世紀。幕府においては、第八代将軍徳川吉宗の親政による「享保の改革」の後、側用人から老中へと登り詰めた田沼意次が権勢を振るった。その田沼時代を経て、老中松平定信による「寛政の改革」へと幕政改革が進められた。この頃には、諸藩においても藩政改革が行われ、松江藩においては、宗衍と治郷の治世に、小田切備中による「延享の改革」と、朝日丹波による「御立派の改革」が断行された。

貨幣経済の発展に応じてその果実を財政再建に取り込もうとした小田切備中の経世思想は、賄賂政治家としての悪評を払拭し、貨幣経済に通じた進歩的・開明的な政治家として再評価されている田沼意次と相通じるものがある。また、備中は、譜代の家臣ではない新規召抱えの家に生まれながら宗衍により仕置役に抜擢されたのであり、身分の低い家に生まれながら優れた能力により破格の出世を遂げた田沼意次と似ている。

一方、勧農抑商により貨幣経済の弊害を断ち封建的体制の堅持を目指した朝日丹波の経世思想は、田沼意次による商業資本重視の政策を排して農業重視の復古的政策を貫いた松平定信と同じと言えよう。さらに、譜代の重臣として最高位の重責を担うべき家に生まれた丹波は、徳川御三家に次ぐ御三卿の一つ田安徳川家に生まれて白河藩主を務め、第八代将軍徳川吉宗の孫にも当たる松平定信と家格の高さの面でも似ている。

もっとも、備中と丹波は、経世思想が対照的で出自も異なるとはいえ、八歳違いのほぼ同世代の家臣として共に宗衍と治郷に仕えた。そうした中で、比叡山山門普請手伝いに際しては二人の活躍が松江藩の危機を救い、一時期には揃って仕置役を務めた。また、藩主から厚い信任を受ける中でそれぞれの信念に基づいて藩政再建に力を尽くすなど、共に松江藩興隆の基礎を築いた功臣であることに変わりはない。

さらに、備中は『報国』、丹波は『治国譜』に、それぞれが主導した改革の大要を書き残しており、『治国譜』の中で、丹波は備中の「延享の改革」の結果を厳しく批判してはいるが、田沼意次と松平定信の間に見られるような反目や確執は伝えられていない。

第二節　改革の始まりと丹波の苦節

宗衍のお国入りと藩政刷新

五代藩主の父宣維《のぶずみ》の夭逝により三歳にして家督を継いだ宗衍は、藩財政の窮乏により幼時から質素倹約の暮らしぶりであった。そして、十七歳となる延享二（一七四五）年の初のお国入りに際しては、その費用にも事欠く状況にあり、農民や町人による租税の先納と拠金によって辛うじて入国できる有り様であった。

　このような事態にあった藩政を刷新するため、宗衍は、仕置役を務めていた平賀筑後と大野舎人を罷免し、朝日丹波のみを留任させ、新たに、有澤土佐、黒川堅物、三谷権太夫の三人を当職に任命した。これに続いて、家臣および国内に広く質素倹約励行の通達を出し、さらに、藩財政の窮迫を受けて家臣の知行・俸禄を半減する半知を五年を限度と定めて実施した。

小田切備中屋敷跡の碑

　このうち仕置役刷新の事情については、『治国譜』等の資料から知られるように、当時の仕置役に対する丹波の苦言や、宗衍の失望が背景にあったと思われる。すなわち、宗衍の入国に当たり、当時の重臣は、藩財政の窮乏に触れることをはばかり、慶賀の言葉を口にしその場凌ぎの取り繕いに終始するだけであった。丹波は、他の仕置役への思いを包み隠さず具申する中で、彼らが当職として功を遂げないのにはそれなりの理由がある、と苦言を呈している。

　このように歯に衣着せず直言する丹波は、翌年、宗衍の下問に対して打開策を具申し、その実施を命じられた。具体的にはどのような財政再建策であったか明らかではないが、丹波自身が手詰まりの愚策と言うように、この試みは失敗に終わったようである。

小田切を補佐役とする「延享の改革」

　朝日丹波の打開策も時代の流れに抗することはできず、延享四（一七四七）年、参勤から帰国した宗衍は、家臣に対して「諸家中江申聞覚」という手書を発して藩財政の整理、緊縮に徹するよう諭した。その中で、御直捌《おじきさばき》と称する藩主親政を実施することを宣言し、従来の重臣合議による仕置役制を廃止した。これに伴い、朝日丹波と三谷権太夫らは仕置役を解任され、小田切備中一人を補佐役として仕置役に留め、宗衍と備中による「延享の改革」（延享四年～宝暦二年）が開始された。この改革の特色は、金融主体の殖産興業政策に加えて、備中を中心に「趣向方」と呼ばれる下級藩士の政策ブレーンの面々が発案する新政策を展開したことにある。

　改革の内容は、宝暦三（一七五三）年に備中が著した『報国』にまとめられており、その中では四十箇条の政策が挙げられている。これらは、その性格によって、資金調達のための金融政策、資金を資本に転化し産業振興を目指す殖産興業政策及び文教政策の三つに分けられる（乾隆明『松江藩の財政危機を救え』）。

金融政策としては、藩営金融機関としての「泉府方」の設置があり、富裕層から集めた資金を一割五分の利息で貸し付け、利潤は資金主と藩が折半した。「義田法」は、年貢の前納として一時に多額のお礼米を上納した田については、永久または一定期間の年貢等を免除することで、事実上、年貢免除の土地所有権を金銭と引換に与えるものであった。また、「新田方」という役所は、義田と同様に、開発した新田を売却して当年に多額の収入を得る代わりに、永らく租税を免除するという土地開発を展開した。

殖産興業政策については、「木実方」と「釜甑《ふそう》方」が代表的である。「木実方」は、油を燃やす灯火に代わる新たな照明であったロウソクの製造と、その原料となるハゼの栽培を管理した役所である。その専売体制を確立することにより、領内の需要に対応するだけでなく大部分を国外に移出して莫大な利益をもたらした。「釜甑方」は、藩主親政が終わった後の宝暦六（一七五六）年頃に設置された藩営の鋳造所であり、後には鍋座を設け価格を安定させ売らせた。このほか、人参座、伽羅《きゃら》油座の設置や、銭方、武具方など多くの産業振興事業が展開され、このうち、文化八（一八一一）年から「人参方」となった人参座は、「木実方」と並ぶ収益源へと成長した。

文教政策においては、寛延元（一七四八）年に、荻生徂徠門下の古学派儒学者の宇佐美恵助を江戸藩邸の藩儒として招いた。また、藩主親政後の宝暦七（一七五七）年には、林羅山門下の朱子学派儒学者である桃源蔵を藩儒として招き、その翌年、藩校文明館を設置したことが特筆される。

このほか、宝暦元（一七五一）年には、進言者の名を冠して「荒井三斗俵」と称される俸禄制の改正を行った。これは、四斗俵百十二俵半を百石としていたものを、三斗俵百俵を百石に改めたもので、これにより藩士の俸禄は三分の二に減じることとなった。

「延享の改革」の破綻とその影響

六代藩主宗衍の治績を記した寿蔵碑

宗衍の藩主親政による改革は、足掛け六年にして終止符を打ち、重臣による仕置役制に戻されることとなった。藩主の後ろ盾を失った小田切備中は、宝暦三（一七五三）年には仕置役を辞職し引退せざるを得なくなった。備中が主導した金融改革は、「義田法」や「新田方」に見られるように、当面の増収はあっても長期的には財政基盤を一層弱体化させるという根本的な矛盾を抱えていた。その上、「泉府方」は発足三年目にして元利償還への信用不安により資金回転が行き詰まり、さらに「荒井三斗俵」が藩士の不満を増大させたことから、藩主親政による改革は頓挫するに至った。

「延享の改革」を開始するにあたり、当職の解任を言い渡された壮年朝日丹波のそのときの思いは想像に難くない。とりわけ、代々、家老・仕置役を務めるべき譜代の重臣の家に生まれ、その重責を幼児より教育され肝に銘じていたであろう丹波は、歯に衣着せぬ直言から窺い知ることができる人柄もあり、さぞかし無念であったに違いない。

第三節　藩政困窮と丹波の復帰

比叡山山門普請手伝いへの幕命

朝日丹波に再び活躍の機会が訪れたのは、皮肉にも丹波が危惧したとおりに、藩政の危機が抜き差しならない状況に至ったときであった。

幕府は、諸藩の経済力を弱めるとともに幕府の支配力を維持するため、参勤交代のほか大規模な土木建築工事を命じる手伝普請を実施していた。貨幣経済の浸透と農村の疲弊により、諸藩における財政の困窮が深刻化していた当時、手伝普請の幕命は各藩にとって一大事であった。そして、「延享の改革」が破綻してから、負債の増大などによって財政窮乏の厳しさが増していた松江藩をさらに窮地に追い込んだのが、宝暦十（一七六〇）年の十二月に下された比叡山山門普請の手伝いへの幕命であった。

この窮地において、藩主宗衍が頼みとしたのは朝日丹波であり、幕命後ほどなくして、この普請手伝いの現場責任者である総奉行に丹波を任命した。また、かかる幕命のあることを事前に承知していたのであろうか、これに先立つ同年八月には、引退していた理財のエース小田切備中を仕置役に帰任させ、莫大な臨時資金の調達に当たらせている。このとき、丹波は五十六歳、備中は六十四歳であった。ここに、松江藩再興の功臣である両雄が、揃って普請手伝いの一大事に当たってその能力を発揮したことにより、松江藩はこの事業を滞りなく成就させ、当面の危機を乗り越えることができたのである。

藩の財政事情と普請手伝い費用

当時の松江藩における財政困窮を示すものとしては、丹波の子朝日千助が塩見小兵衛に宛てた文書がある。それによると、江戸市中では出羽様（雲州松江藩主松平出羽守）御滅亡の噂が流れていたという。また、宇佐美恵助の意見書においては、財政困窮のなか、数万両の費用が掛かる幕命を「大災難の極致」と言い、江戸詰家老の有澤丹後が国元の家老に宛てた書簡には、四~五万両の資金が調達できないならこの普請手伝いは断るほかないとある。

なお、七代藩主治郷が家督を継いだ明和四（一七六七）年からの松江藩の財政収支を記録した史料である『松江藩出入捷覧《でいりしょうらん》』によると、その頃の松江藩の財政規模は十万両余りであるので、この普請手伝いに要する費用は年間予算の半分に相当するほどであったと考えられる。ただでさえ財政事情が苦しい中で、これだけの莫大な費用の工面を突如迫られたのであり、その猶予もできない状況にあっては、君臣共に藩の存亡に不安を募らせたのも無理はない。

備中と丹波の活躍による普請手伝いの成就

仕置役に復帰した小田切備中は、普請手伝いの幕命を受けてから半月後に、自宅へ領内十郡の下郡《したごおり》、与頭《くみがしら》等の村役人を招集し、普請手伝いに充てるための拠出米金の引き受けを強く要請し、これを応諾させた。これには、費用捻出は藩士の減禄だけでは不足するにもかかわらず、大阪や米子の商人からは融資を断られたため、その多くを農民からの拠出に頼らざるをえない事情があった。そして、年が明けると、「国内にての米銀並京阪に金銀の手配、或は京都山門へ、或は江戸に東奔西走」し、莫大な費用の手配を滞りなく成し遂げた。

一方、比叡山山門普請手伝いの総奉行に任命された朝日丹波は、小田切備中による資金面からの援助を受けて、宝暦十一（一七六一）年の三月に工事に着工、翌年九月には竣工し、一年半の短期間で工事を終了した。このときの丹波の活躍について、『松平不昧伝』は、「難局に遭遇しなければ、優れた才能が発揮されることはない」として、丹波が短期間の内に工事を完了できたのは「彼の非凡な手腕に由来する」と賞賛している。そして、ここでの活躍が藩主宗衍の信任を厚くし、後の仕置役への復帰と藩政改革という大事業の委任につながったと指摘している。

老臣朝日丹波の仕置役への復帰

比叡山山門普請手伝いの危機は回避できたが、これを契機に、封建支配体制の崩壊が助長されることとなった。なお、藩主宗衍は、普請手伝いの幕命を受けた宝暦十（一七六〇）年春に松江を発って以来、江戸藩邸に留まり国許に帰ることはなかった。その理由について『松平不昧伝』は、病気のためだけではなく、「財政上、誠に已むを得ざるに出づ」と、財政上の理由が大きかったことを指摘している。宗衍は、初の国入りに際してばかりでなく、最後に出府してからも、財政逼迫の制約を受けて江戸と国元の往来も思うに任せないでいたのである。

こうした中、普請手伝い成就から四年後の明和三（一七六六）年六月、朝日丹波は、江戸に滞在する宗衍から届いた直書により世嗣治郷の後見役を命じられ、「重任といへども世臣（譜代の重臣）なるを以命ぜられたる事なれば、辞すべき所なく」（『治国譜』）と拝命している。そして同年八月には、治郷が初のお国入りを果たした。

さらに、治郷が松江への道中にあった頃、丹波の元へ宗衍から再度の直書が届き、治郷の入国儀式が済んで四〜五日後に松江を発ち江戸へ出府するよう下命を受けた。このとき丹波は、仕置役への復帰を命じられることを予想したが、今の藩政の乱れぶりでは統治もままならないと考え、「容易に受べき事にあらず」と言うほどであった。そして江戸藩邸に赴くと、果たして当職への復役を命ぜられた。丹波は、「高齢で気力も衰えたため退廃した藩政を正すことはできない旨を上申したが強い要請を受け、固辞することは忠誠にならない」と考え、遂に拝命することとなった。当職を罷免されてから二十年後、丹波は既に還暦を過ぎ六十二歳に達していた。

さらにこのとき、宗衍からは「我等とても自身捌き同然の心得にて、其元一人にて相勤められ候様、其方にても手伝同然の心得にて取り扱うべき事」と独裁的な藩政全権の一任と激励を受けた。そして、丹波が仕置役に復帰するのに伴って、当時の当職であった柳多主計《かずえ》・三谷権太夫・有澤能登は、財政難のために彼らの辞職要請に応える形でその職を免じられた。これにより、重臣合議による仕置役制から、丹波一人の独裁的な仕置役制となり、丹波は鉄血宰相とでも言うべき権限を与えられた。

朝日丹波の深謀遠慮

明和三（一七六六）年十一月、二十年の苦節に耐えてきた朝日丹波が、仕置役に復帰して国元に帰り着くと、誰もが大改革の断行を予期した。しかし、丹波は「のんびり構えて急激な改革を断行せず、ひたすら旧来の藩政に従って何ら引き締めを行わず、この様子を見た狡猾でよこしまな農民や商人は、丹波もくみしやすいと考えた」という。このとき丹波は、「表向きは彼らと手を結び、裏では彼らのやり口を知り、ひそかに機が熟するのを待っていた」のである。

その理由について、丹波は『治国譜』において、「事を改んと欲れども年内余日なく、艸々（早々）にして御大事の端にもならんことを慮りて、是迄の法を改めず」と、拙速に動くことが藩政の破局を迎えるきっかけになることを恐れたためだと述べている。とはいえ、年が明けると早速、丹波が改革断行に動いたかと言えばそうではない。このとき丹波は、財政困窮の最大の原因をまず取り除かなければ、いかなる改革も失敗に帰し、藩政破綻を招くことは避けられない、その時が来るまでは、決して拙速には動くまいと考えていたに違いない。その時は、丹波が仕置役に復帰してから一年を待たずに訪れる。

宗衍の隠退と世嗣治郷の襲封

朝日丹波が待望した改革断行の素地は、明和四（一七六七）年の夏までには固まったのであるが、それは、同年春に藩主宗衍から届いた一通の書状から始まった。その書状には、宗衍には藩政安泰と江戸藩邸の倹約のため今年中にも隠退する決意があること、ただし、財政破綻に至らない妙案があるなら隠退を思い止まること、このため、家老一同がこれを承知の上で腹を割って相談すること、そして、その返答のため丹波と小田切備中が江戸藩邸まで出向くよう記している。

なお、これに対して丹波は、その返信の中で、不本意ではあろうが世嗣治郷に襲封すれば、江戸藩邸の用務は減り出費も削減できるだろうとの考えを述べている。また、『治国譜』によれば、宗衍から届いた書状を受けて、家老一同でたびたび議論したものの、我こそがと妙案を出す者もなく、丹波は、状況を打開する計略はもはや尽きた旨を伝えることを決意して、備中と同じく同年五月末に松江を出発し、七月には江戸藩邸に到着した。

『天隆公年譜』は、江戸藩邸での問答の様子を伝えている。宗衍は、まず、家老総代として招いた備中に藩政窮迫の打開策を問い、これに対して備中は、諸家老の手段は尽き、何ら計略も浮かばないと上申した。これを受けて宗衍は丹波に対し、この冬に自分は隠退し世嗣治郷に襲封することを伝え、年少の治郷をよく導いて、国の疲弊を救うことで、自らの雪辱を果たすよう命じるとともに、藩政刷新を丹波の考えに一任することを伝えた。

この宗衍の意思決定を受け丹波は、いわゆる「御立派の改革」に速やかに取り掛かった。

その第一歩は、江戸藩邸の改革であり、さらに、松江への帰途には大阪に立ち寄って債権者と借金返済に関する談判を行った。

第四節　丹波による「御立派の改革」

大坂商人との借金返済交渉

朝日丹波は、明和四（一七六七）年七月の藩主宗衍との会談後、帰途に大坂へ立ち寄って債権者との借金返済交渉を行った。

丹波は、借金の利子は免除し、元金のみを年賦償還とすることについて、債権者に了解を求め、江戸藩邸への毎年の送金米については利息を付け、その売上代金を毎年の返済に充てることを約束した。なお、この交渉の成立について、『松平不昧伝』は、丹波の実直な人柄が大坂商人の信頼を得たことを伝えている。

そして同年九月、丹波は、松江に帰着すると直ちに藩政刷新政策を次々と実施していった。丹波が行った政策の内容については、改革開始から八年後の安永四（一七七五）年にまとめられた『治国譜』及び『治国譜考証』に詳しい。その中では二十六箇条の政策が挙げられているが、その中核をなすのは財政再建政策と行政再編政策である。以下、これらの主な政策の概要を示す。

財政再建政策

「御立派の改革」の発端となったのは江戸藩邸の膨大な経費の削減であり、まずその改革から着手した。具体的には、冗費冗員の徹底的な削減を行い権力者への付け届けを廃するとともに、利息を要する借金は厳禁とした。

地域独自通貨として流通していた銀札については、これを利用して私腹を肥やす者がいたため、銀札通用を禁止し銅銭の通用を命じた。また、村役人である下郡に年貢徴収を任せるうちに、威を振るい上を畏れぬ風潮が強まったため、下郡役を取り上げ、拒否する者の田畑家財を没収することとした。さらに、「延享の改革」で始まった義田や新田免許地についてはこれを没収したほか、「闕年《けつねん》」と称して農民や商人の富裕層への債務を破棄して藩の借金を帳消しにするとともに、「平糴《へいてき》」と称して米価調整を行い公定価格を定めることで商人の利権を奪った。また、常平倉を設けて日用物価を調整し、義倉を設けて凶作に備えたほか、廻船を建造し登せ米や他の貨物の運送費を節減した。

このほか、地方の法を改正し、各郡に郡奉行を置いて治めさせ、地方役人《じかた》を派遣して農事の監督と税の徴収に当たらせた。また、比叡山山門普請手伝いの教訓を活かし、「備えあれば憂いなし」として、毎年の税に余剰を出してこれを蓄えるとともに、臨時の幕命に対しては、臨時の寸志米を徴収してその経費に充てた。

行政再編政策

行政再編については、帰国と同時に人員削減を断行し、「趣向方《しゅこうがた》」の役人を中心に九百六十八人に及ぶ人員を整理するとともに、義田方や新田方など新たに設置された役所を廃止し、諸奉行等の役については兼務をさせた。また、郡奉行と地方役人の職責を区別して農村支配体制を整備した。

このほか、宗衍の意向を受けて、減禄が続いてきた藩士の俸禄を旧来に戻すことも行っている。

なお、殖産興業については、農業生産に影響を与える斐伊川上流の鉄生産を制限し、鉄穴《かんな》の減少や鉄師の人員を制限した。また、城下の橋梁を板橋から土橋に改良するとともに、河川改修等の土木工事を推進し、舟行の利便性を高めた。

さらに、藩士教育のため、文明館において桃源蔵の講義を受けさせている。

第五節　丹波の経世済民理念と改革

「御立派の改革」の理念

朝日丹波が「御立派の改革」を断行するにあたっての経世済民の理念・信念については、その著書である『治国大本』によって知ることができる。

まず、財政危機の原因について、丹波は「過半は借用により起こる」と言い、「藩に必要な費用は年々増加するので、種々の詐欺的な謀りごとにより金銀米銭を借り出し、これにより負債額は膨大になり」、「ついには借金の術は尽き、主君の御家に存亡の危機が差し迫るに至る」と指摘している。さらに、「借金で潰れた大名はない」との反論に対しては、為政者の重責について、「上に立つ者は君主から重い官位・俸禄を賜り、政事により国を治める立場にあるから、元来、知恵あるはずの哲人と称するのであり、この知恵ある哲人たるべき者が、愚かにも国の存亡の危機が何に起因するかを知らず、また、かかる危機を防いで国を治める方策を知らないのは、逆にその重責に背くものだ」と断じて、「借金で潰れた大名はないと言う為政者は、まさにその重責に背く輩である」と非難している。

執政である仕置役が国を治めるための基本については、「金銀や米穀を金庫や倉庫に充たして、財源不足がないようにすることである」とし、「その方策にも邪道と正道の相違がある」と言う。具体的には、「邪道は、詐欺的な謀りごとにより、農民や町人を苦しめて取り立て、他国から金銀を借り出すことを主として、出費を節約することができず、これにより武士と農民・町人は共に貧しくなり、国は存亡の危機に必ず至る」と、背信的な借金依存の財政運営を否定する。

一方、「正道は、上下の身分を厳しく定めて、上は威力・権力を握ったのち、水田の面積を把握し、正しい道理により年税を取り、税収額がどれだけになるかを知った上で、これを踏まえて支出を裁き定め、一定の規範を設ける。これにより、金銀や米穀は必ず余り、金庫や倉庫は十分に充たされる。農民や町人を苦しめて取り立てることはないから、衣食住に困らず、武士と農民・町人は共に豊かになり、思わぬ大きな出費があっても凌げる」と言う。そして、「礼記の王制篇に、入るを量りて出ずるを為すと言うのは、国を治める普遍の妙策である」、また、「孔子が、大きな国を治めるには出費を節約（節用）して人を愛する（愛人）と述べた言葉で、節用と愛人の前後関

松平治郷（不昧）像
提供：月照寺

係に意味のあることを知ることが、経世済民には極めて大切である」として、国を治めるに当たってはまず節用があって、その後に愛人が実現できることから、「すべての支出に厳しく限度を設けることが、思いやりのある正しい政治の基本である」と述べている。

さらに、「経世済民の上では富を基本に考えるべきであり、その富はそれぞれの身分にある者がそれを守ることにより生まれる」と分相応であることが富国の基本であるとし、「仕置役は、国の分（である税収額）を知ることで（国を富ませ、）君主の身分を安泰にすることを第一とすべき」と説いている。

こうした丹波の理念・思想は、この改革を「御立派」と称したことにも表れている。「御立派」とは、これまでの決まりや慣例にこだわらず、統治の基本に立ち返って藩政を刷新することを意味している。このように、丹波による改革は、封建支配体制を堅持し何事にも分相応を貫くという保守的なものである。特に、為政者たる者が国を治めるに当たっては、その重責を自覚し、費用を賄うために税を取り立てるのではなく、税収に応じて支出に制限を加えること、すなわち「入るを量りて出ずるを為す」ことを基本に置くべきとの考えである。そして、そのためには何よりも領国の税収額を知ることが肝要であることを繰り返し指摘している。

「御立派の改革」の成果と要因

朝日丹波による「御立派の改革」により、松江藩は、治郷の治世には富裕藩へと変貌し、そのときに蓄積された文化的財産は、今日の松江にも極めて大きな恩恵をもたらしている。とはいえ、改革が実施された当時の成果について、まず、『松江藩出入捷覧』により財政再建の視点から見ると、毎年の収支の黒字が蓄積され、積立金とでも言うべき御金蔵残両は着実に増加しており、藩財政の改善が明らかである。

同書によると、この史料は、明和四（一七六七）年から天保十一（一八四〇）年までの七十四年をかけて約五十万両に及ぶ債務の完済を成し遂げた功績への財務担当部局自身の顕彰行為として、歴史的記念碑的意味合いを持たせて作成されたものである。御金蔵残両の増加は、「三年の蓄え無きを国其の国に非ずという」（礼記王制篇）の憂いに備え、「入るを量りて出ずるを為す」ことで「金銀米穀を府庫倉廩に実しめて、国用不足無き様にする」ことを基本とした丹波の財政再建の成果を端的に示している。

なお、天保三（一八三二）年まで堅調に増加してきた御金蔵残両は、その後急激に減少しているが、これこそ「備えあれば憂いなし」として、毎年の余剰を地道に蓄えさせてきた丹波の功績が如実に表れたものと言える。天保四年からの七年間は、享保・天明に続く江戸三大飢饉の一つである天保の大飢饉の期間である。このとき、全国では多くの餓死者

松江藩における「御立派の改革」開始以降の財政状況

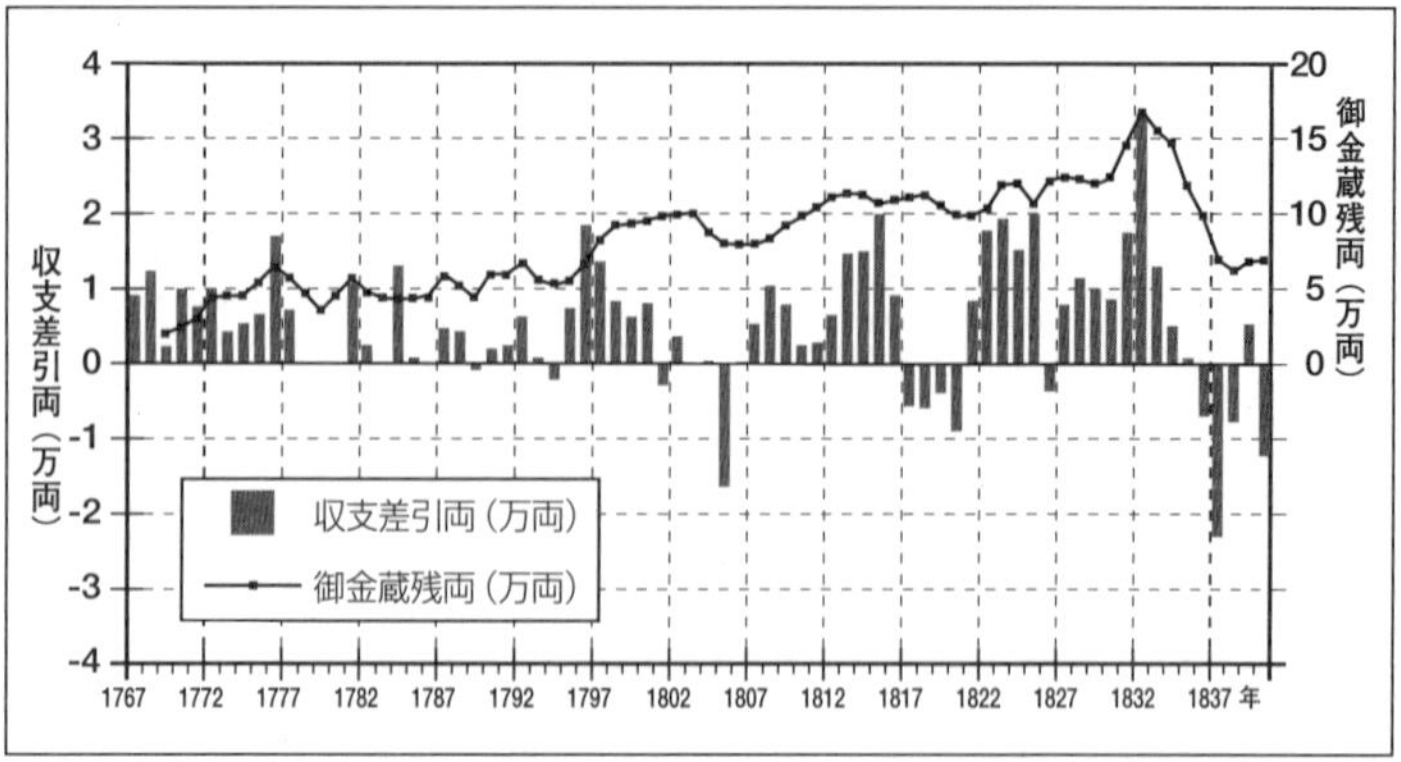

を出したが、藩庫が潤い富裕藩へと変貌していた松江藩では、凶作に見舞われ米価は高騰したものの、飢饉対策費を捻出する十分な蓄えがあったため、飢えによる死者は少なかったことが伝えられている。そのため、隣国から豊かな松江藩に極貧で飢えた人びとが入国することおびただしい状況であったという。

　このような財政健全化の要因について、丹波は『治国譜』において、「藩政を自分の思う存分に行うべきことを改めて命じられ」たことを挙げている。宗衍と治郷の厚い信任を得て、いよいよ丹波自身の理念・信念に基づく政策を思いのままに遂行できる条件が整ったことが第一の理由と言えよう。これにより、封建支配体制の崩壊に歯止めを掛け、上に立つべき武士・為政者が下の農民や町人を統治する正しい道に向かうようになったと、その成果を自己評価している。ただし、これは「自分の功績ではなく、宗衍公の導きがあってこそ自分の力添えが奏効したもの」で、そのときの地位や年齢が諸家老よりも上で、国家存亡の危機に当たり、「丹波の思いのままに取り捌《さば》くよう命じて頂いた」からこそであると述べている。

朝日丹波夫妻の墓

松平不昧の治世における松江藩の繁栄

財政再建を成し遂げた朝日丹波は、加増や下賜のほか、藩主治郷の一字を与えられ「郷保」へと改名するなど厚遇された。高齢を理由にたびたび辞職を願い出ても慰留されてきたが、改革開始から十四年後の天明元（一七八一）年に喜寿を迎える年齢に達すると、ようやく隠居を許されることとなった。このような晩年の厚遇は、激しい痛みを伴う改革への批判の矛先を一身に受けて主君を守った太平の世の忠臣・丹波に対する治郷の深い感謝の思いを物語るものと言えよう。

なお、仕置役の辞任を許された丹波は、二年後の天明三年に七十九歳にして世を去るが、その前年には前藩主の宗衍が、四年前には小田切備中が生涯を終えている。

松江藩存亡の危機の中で藩政改革に腐心した藩主と功臣の三人が相次いで亡くなり、ここに松江藩の苦難の時代も幕を閉じることとなった。そして、彼らが築いた礎のもとに、跡を継いだ治郷や千助（六代朝日丹波保定、後に恒重）らの藩政運営により、松江藩は空前の繁栄を迎えるのである。

治郷の治世について、『松江市誌』に「四十年の間治績隆々燦然として一世を照らす者がある、乃ち窮乏した財政を整理し、治水、植林、産業、工業等各種の生業の発展と共に国庫漸く充実し」とあるように、丹波による改革の後の財政再建には、堅固な財政基盤の中での積極的な殖産興業政策が大きく寄与した。

治郷の治世において特筆すべき治水事業に佐陀《さだ》川の開削がある。斐伊川が流れ込む宍道湖は洪水を頻繁に起こしたため、東流して中海に向かう大橋川・天神川のほかに、北流して直接日本海に注ぐ新たな排水路として佐陀川の開削が構想された。これは城下の水害を防止するだけでなく、流域の低湿地を水田化するとともに、城下から日本海へ至る舟運の運河としての役割も担う一挙三得の事業であった。

また、産業振興政策について、『松平不昧伝』は「公の世に及びて、我が雲藩が、前古無比の富国となりたるは、実に殖産の勃興、工芸の発達に負う所尠（少）しとせず」とした上で、人参栽培、木実方、畜産、製紙、製鉄、工芸（木工・漆工・陶芸）を挙げている。

このうち、人参（薬用人参）は、小村茂重の功績により松江藩を代表する特産品へと発展した。当時、人参栽培は幕府が製法を秘密にして専売の利益を得ており、松江藩でも人参畑を開いて試作するものの失敗を繰り返し、遂には栽培中止に追い込まれた。父の跡を継いで人参栽培法の研究開発を命じられた茂重は、幕府の秘法を得るため生産地である日光に出向いて苦心の末に製法を習得し、日光に似た土質である古志原の地で初めて栽培に成功した。なお、一説には、身分を農夫と偽り人参栽培所に雇われた茂重は、信用を得るため妻子まで設けて十一年の歳月の末に栽培法を習得すると、忽然と姿を消し追手も逃れて人参栽培法を松江藩に持ち帰ったという。

松平治郷廟門脇の朝日丹波紀功碑

このほか、「延享の改革」の際に木実方を設け専売体制を確立したロウソク製造及び原料ハゼの栽培は、治郷の治世においてますます盛んになった。また、畜産ついては、幕府に献上するなど多くの駿馬を産出したほか、古来有名であった出雲牛の生産が藩の保護のもとで発展した。製紙は、初代藩主直政が越前から招聘《しょうへい》した紙漉師を初代とする野白《のしら》紙に始まるが、治郷はこれを御用紙漉として保護し、移出品として利益を得るまでに育成した。製鉄については、たたら製鉄御三家の田部《たなべ》家、櫻井家、絲原《いとはら》家などが知られるが、代々の藩主がこれを保護し、治郷の治世には国益をもたらすこと顕著な産業となっていた。

松江藩の移出産業番付を示した『雲陽国益鑑』は、治郷が亡くなる文政または天保の頃のものと言われるが、その中で「鉄山たたら」は西方の最高位・大関に位置付けられている。なお、たたら製鉄を抑えて東方大関の地位にあるのは平田木綿に代表される「木綿」であるが、これも治郷の時代に藩内各地に木綿市場が設置され、大阪・京都のほか北国や九州にまで販路を拡大した産業である。

こうした産業の発展を背景に、茶の湯に代表される独特の文化も花開いた松江藩の繁栄は、当時流行した相撲での雲州力士の活躍からも伺うことができる。治郷お抱え力士として江戸相撲で活躍し、史上最強と言われる雷電為右衛門をはじめ、当時の幕内西方の大半は松江藩の力士が占め、その出場がなければ興業も不可能であったという。

いつの時代であっても、繁栄する地域は、競争力ある産業に支えられ、文化・スポーツも隆盛を誇るのであり、その典型を治郷の時代の松江藩に見ることができるが、その基礎を築いたのが、藩主宗衍と小田切備中、朝日丹波による「延享の改革」と「御立派の改革」

の二つの藩政改革であった。

［主な参考文献］

・朝日丹波『治国譜及治国譜考証』一七七五年（瀧本誠一編『日本経済叢書第十七巻』〔史誌出版、一九二八年〕所収）
・朝日丹波『治国大本』（瀧本誠一編『日本経済叢書第十七巻』〔史誌出版、一九二八年〕所収）
・松江藩『列士録』島根県立図書館
・松平家編輯部『増補復刊松平不昧伝』（原書房、一九九九年）（原本一九一七年）
・安澤秀一編『松平不昧伝別冊　松江藩出入捷覧』（原書房、一九九九年）
・島根県編『島根県史（復刻版）第八巻』（名著出版、一九七二年）（原本一九三〇年）
・島根県『新修島根県史 通史編1』（島根県、一九六八年）
・上野富太郎・野津静一郎編『松江市誌（復刻版）』（名著出版、一九七三年）（原本一九四一年）
・松江市誌編纂委員会『新修松江市誌』（松江市、一九六二年）
・松江市誌編纂委員会『市制施行百周年記念松江市誌』（松江市、一九八九年）
・松尾寿ほか『島根県の歴史』（山川出版社、二〇〇五年）
・藤沢秀晴「波乱の藩政」（速水保孝編『出雲の歴史』〔講談社、一九七七年〕所収）
・吉永昭「松江藩における藩政改革」（『岩波講座 日本歴史11 近世3』〔岩波書店、一九七六年〕所収）
・内藤正中「松江藩の藩政改革と天明の大一揆」（会田雄次ほか監修『江戸時代 人づくり風土記 32』〔農林漁業文化協会、一九九四年〕所収）
・島田成矩『松江の歴史年表』（松江今井書店、一九九七年）
・乾隆明『松江藩の財政危機を救え』（松江市教育委員会、二〇〇八年）
・乾隆明「不昧さんの時代の経済史」（二〇〇一年）
・松本敏雄「松江藩改革に捧げた情熱―小田切備中「報国」の伝えるもの―」（二〇〇六年）

朝日丹波

〔執筆者プロフィール〕

本郷　満（ほんごう・みつる）
一九六一（昭和三六）年生まれ。島根県出身。
社団法人中国地方総合研究センター

[コラム⑤] 鳥取の代表的な経世家・亀井茲矩

亀井茲矩《これのり》は、安土桃山時代から江戸時代初期にかけて活躍し、鹿野城（現在の鳥取市鹿野町）を主として、旧気高《けたか》郡一帯のまちづくりに尽力した人物である。

茲矩は湯ノ庄（現在の松江市玉湯町）に生まれ、当時山陰地方を支配していた尼子《あまご》家の家臣・湯左衛門尉永綱を父とし、湯新十郎と名乗った。しかしその後、尼子家は滅亡し、山中鹿之介（幸盛）とともに主家再興を目指すこととなった。その際、尼子家の重臣であった亀井秀綱の遺子（鹿之介の養女）を妻とし、亀井氏を継ぐこととなった。

やがて茲矩は、鹿之介とともに織田信長に属し、羽柴（豊臣）秀吉の配下となって対毛利氏の前線であった鹿野城に入ってこれを守備した。茲矩は、天正九（一五八一）年の秀吉の鳥取攻めによる鳥取落城の後、功を認められて鹿野城主（一万三八〇〇石）となった。なお、鹿之介はこれに先立って毛利軍との戦いに敗れて殺害されている。

茲矩は、鹿野城主となってから、領内を豊かにするために干拓や用水路などの工事を積極的に行った。天正十六（一五八八）年の日光池の干拓はその代表的なものである。この工事に際して茲矩は、起工の際に自ら鍬を取るなど率先垂範の姿勢を示し、結果的に三百石余の良田を得ることができた。このほかにも湖山池の干拓、千代川西岸の大井出用水路づくり、内海・浜村付近の干拓なども行った。

また、産業の開発・振興にも力を入れ、西伯耆の日野銀山の開発や林業の保護育成に努めたほか、関ヶ原の戦い（茲矩は東軍の徳川家康に属した）の後には朱印船貿易にも取り組んだ。例えば、薩摩から杉の苗を取り寄せて鷲峰山に植えさせたほか、海外貿易で持ち帰らせたシャム（タイ）の稲・生姜や明（中国）の茶・薬草の栽培を進めるなど、領民の生活を豊かにするための努力を重ねた。また、養蚕用の桑、和紙の原料である楮《こうぞ》・雁皮《がんぴ》、塗料の原料である漆、油の原料である椿など十一種の樹木を「村々のきらざる木」と定め、それぞれの産業を振興した。その他にも、夏泊に海女の漁法を伝えたり、鹿野笠づくりを農閑期の副業として奨励したりした。

茲矩の治績としてユニークなものに、領内の六十歳以上のお年寄りを城内に招いて敬老会を開いたことがある。それは、城内に大きな建物を建てて会場とし、酒や料理をたくさん振舞って町の若い娘に給仕をさせ、十分に飲み食いをさせるというものだ。その上、米、麦、大豆、小豆など何でも一俵というお土産の福引も用意されていた。なお、茲矩は関ヶ原の戦いの後、家康の命で因幡、伯耆を平定した功により、今の鳥取市の西部にあたる高草郡二万四二〇〇石を加増され、三万八〇〇〇石を領するようになった。

当時、鹿野城は妙見山の山頂部を中心とした山城であった。しかし、所領が約三倍となり家臣も増えたので、城を増築することとなった。茲矩はまず、鹿野の周辺の水谷川・末用川の流路を大幅に変更して城の外郭を整備し、山麓に新しく石垣を築いて本丸・二の丸を築き、外堀・内堀・薬研堀を巡らした。そして、この山麓の城に藩政機能を集中して領国経営に当たったものと見られている。

茲矩の死後、大坂の陣を経て亀井氏は島根県の津和野に転封となり、幕末まで津和野藩主を務めた。この転封に伴い、家臣とその家族をはじめ、商人や職人たちも一緒に従ったため、それまで富み栄えていた鹿野の町は活気を失ったという。

歴史に学ぶ地域再生

2008年 9月 1日　初版発行

編　　者　社団法人中国地方総合研究センター
編集協力　有限会社城市創事務所
発　　行　吉備人出版
〒700-0823 岡山市丸の内 2 丁目11-22
電話 086-235-3456　ファックス 086-234-3210
ホームページ http://www.kibito.co.jp
Eメール books@kibito.co.jp
印刷・製本　産興株式会社

ISBN978－4－86069－208－7 C0033